WIRBEL-SÄULEN-TRAINING

Wolfram Ortner/Dr. med. Erich Skribot

WIRBEL-SÄULEN-TRAINING

Sport- und Gesundheitsgymnastik
für Zivilisations-
und Bandscheiben-Geschädigte
sowie für Hobbysportler.

Orac

Die Fotos stammen von Prof. Josef Ortner

ISBN 3-85368-986-8

Schutzumschlag: Wilhelm Menches, unter Verwendung
eines Farbdias von Bildagentur Mauritius, Mittenwald
Lektorat: Leo Mazakarini
Graphische Gestaltung: Gottfried Moritz
Technik: Imprima W. Menches
Lithos: Werner Kamensek, Horn
Satz: Bernhard Computertext KG, Wien
Druck und Bindearbeiten: Wiener Verlag, Himberg bei Wien

Es geht uns darum,
mittels einer bestimmten Gymnastik
unsere Sinne und unsere Organe
zu ordnen, zu beleben,
mit Energie aufzuladen,
aufzufrischen . . .

Inhaltsverzeichnis

Sport- und Gesundheitsgymnastik

In unseren Tagen erlebt die Bevölkerung der westlichen Welt eine Zeitenwende. Umdenkprozesse haben eingesetzt. Ihre ersten Auswirkungen zeigen sich in vielen Bereichen, vor allem in einem neuen Umwelt- und Lebensbewußtsein. Diese dokumentieren sich auch in der Hinwendung zu biologischer Ernährung, Bio-Urlaub, zum Bio-Training.

Bio, das heißt Leben

Bio, das heißt Leben. Es geht darum, unser gestörtes Verhältnis zur „Mutter Natur" wiederherzustellen, es auf eine lebens-freundliche Basis zu stellen. Im Zuge dieser Entwicklung sollte man mehr über sich selbst lernen, mehr über sich selbst wissen; und man sollte auch zu einer neuen Einstellung zu „körperlicher Fitneß" gelangen.

Sport statt körperlicher Arbeit

Verlangte einst der Alltag dem Durchschnittsmenschen ein hohes Maß an körperlicher Aktivität ab, so hatten uns in den letzten Dezennien Maschinen, die elektronische Revolution und die damit verbundenen Neuerungen dieser Möglichkeiten weitgehend beraubt. Wir wurden schwerfällig und unbeweglich. Daher versucht man heute, dieses Defizit durch Sport wettzumachen.

Die führenden Volkssportarten

Leider aber wissen nur wenige Menschen über den Sinn und die Wirkungen der verschiedenen Bewegungsaktivitäten Bescheid. *Wer* soll bestimmte körperliche Aktivitäten *warum/wie lange/wie* durchführen? Wie intensiv, und mit welchem Ziel? Die Mehrheit unserer Mitmenschen macht sich darüber wenige Gedanken; sie schließt sich dem herrschenden Trend an, will vordergründig „in" sein. Fußball, Tennis, Alpinschilauf: das sind heute die führenden Volkssportarten. Gezielte Gymnastikübungen jedoch sind — so wie die Ausdauersportarten — immer noch Außenseiter; wenn sich auch in den letzten Jahren das langsame Laufen oder Traben („Jogging"), der Schilanglauf sowie das Radfahren und das Berggehen in zunehmendem Maße etablieren konnten.

Wir sind, was die Gymnastik betrifft, an einer Trendwende angelangt: wenn sie auch unter verschiedenen modischen Namen gehandelt wird — unter Aerobik, oder Breakdance etwa; oder unter dem des ältesten Seele-Körper-Trainings, Yoga; die Gymnastik wird künftighin eine bedeutendere — und absolut wichtige, weil gesundheitserhaltende — Rolle spielen. Es geht bei Yoga etwa darum, mittels Entspannungsübungen Körper und Seele in gleichem Maße zu beschäftigen. Diese Methoden ermöglichen es, den physischen wie auch den emotionalen (Gefühls-)Körper in ein harmonisches Gleichgewicht zu bringen. Dieses Ziel peilen auch wir an. Auch uns geht es darum, mittels einer bestimmten Gymnastik unsere Sinne und unsere Organe zu ordnen, zu beleben, mit Energie aufzuladen, aufzufrischen. Sinneseindrücke und Gedanken sollen in ihre natürliche Bahn gelenkt werden, und im gelockerten, gekräftigten Körper muß geistiges Gleichgewicht herrschen: „Mens sana in corpore sano." Verkrampfungen werden da ebenso gelöst, wie durch sie verursachte Erkrankungen. Sinn aller unserer *Lockerungs-* und *Kräftigungs*übungen muß es daher sein, unseren Körper mit unseren Sinnen, Gefühlen und Gedanken eins werden zu lassen und in dieser Ganzheit alle unsere Beziehungen, Handlungen, Ideen und Bewegungen geordnet aufeinander abzustimmen.

Die wichtige Rolle der Gymnastik

Lösung von Verkrampfungen

Der Entschluß zu regelmäßigen Entspannungs- und Kräftigungsübungen bedeutet zugleich auch den Entschluß, in sich selbst ein höheres Maß an Befriedigung zu finden.

Ausdauertraining und Gymnastik

Sowohl beim *Ausdauertraining* als auch bei der *Gymnastik* kommt es im menschlichen Körper zu Veränderungen verschiedenster Art, etwa zu physiologischen. Eine zunehmende Belastung steigert in den beanspruchten Muskeln — durch eine erhöhte Blutgefäßneubildung innerhalb des Muskelkörpers — die Durchblutung. Ferner kommt es zu einem Anstieg bestimmter Enzyme (für den Stoffwechsel erforderliche Systeme), was zu einer deutlich besseren Sauerstoffaufnahme führt. Eine Verbesserung der größtmöglichen Sauerstoffaufnahme führt wiederum zu vermehrter Energieverwertung; diese wiederum zur Steigerung der Leistungsfähigkeit. Die Folge ist, daß der Trainierte weniger rasch ermüdet als der Untrainierte. Auch kommt es beim Trainierten nicht so schnell zu einer Milchsäureanhäufung wie beim Untrainierten. Es lohnt sich also, zu trainieren, weil man dadurch weniger schnell „sauer" wird.

Training verhindert allzu frühes „Sauer-Werden"

Auch der Fettstoffwechsel ist beim Trainierten günstiger: Es kommt im Körper unter regelmäßigen Bewegungsbedingungen weniger rasch zur Ansammlung von Fettdepots. Je mehr Milchsäure sich im Gewebe anhäuft, um so stärker ist die akute und auch die chronische Ermüdung der Zellen, ein Zustand, der für die Lebensqualität und vermutlich auch für die Lebensdauer von besonderer Bedeutung ist.

Der Trainierte ist auch, was die Durchblutung betrifft, dem Untrainierten überlegen. Während sich bei Milchsäureanhäufung die Gefäße verengen und zu Bluthochdruck führen, kann im trainierten Muskel der Sauerstoff besser genutzt werden; dadurch wird das Herz geschont, die Entstehung eines Bluthochdrucks kann verhindert werden. Interessant in diesem Zusammenhang ist — neben der Trainingsintensität — auch die Tatsache, daß für unsere Leistungsfähigkeit in erster Linie die geistige Einstellung verantwortlich ist.

Herz wird geschont, Bluthochdruck verhindert

Die geistige Einstellung

Während als allgemeiner Trainingseffekt verbesserte Arbeitsbedingungen im Energiestoffwechsel der einzelnen Körperzellen nachgewiesen wurden, zeigten spezielle Beobachtungen der großhirnbedingten Regulation des Stoffwechsels bei der Ausführung von Sportübungen: Bei Sportlern unter Trainings- und Wettkampfbedingungen sind im Organismus auftretende Veränderungen nicht allein durch die Art der Belastung, sondern vor allem durch willensmäßige Einflüsse bedingt.

Der Wille, der Berge versetzen kann

So zeigten sich bei gewissen Sportarten und Trainingsbedingungen andere blutchemische Verhältnisse als bei Wettkämpfen. Nach diesen wurden etwa bei den Verlierern niedrigere Blutzuckerwerte sowie niedrigere Phospholipidspiegel gemessen als bei den Siegern, und zwar auch dann, wenn die Spieler der Siegergruppe während des Spieles stärker belastet wurden als die Verlierer. Bei Turnern konnte man nach mißglückten Ausführungen ähnliche blutchemische Veränderungen messen. Es ist also etwas dran an jenem Sprichwort, das behauptet, „der Wille könne Berge versetzen"...

Ein biologisches Äquivalent unseres Willens wurde durch die Sportbiochemie bestätigt. Wir alle kennen das Phänomen: Mit Unlust läßt sich manche Arbeit einfach nicht bewältigen, die man mit positiver Einstellung freudig im Nu erledigen könnte. Daraus können wir ersehen, daß Kondition und körperliche Fitneß nicht allein von Faktoren abhängig sind, die mit der Konstitution, also der körperlichen Struktur und der Trainingsintensität, zusammenhängen. Zur Steigerung der körperlichen Leistungsfähigkeit ist neben der physischen in besonderem Maße auch die psychische Kraft und Ausdauer erforderlich. Damit ist die Tatsache erwiesen, daß der Mensch keine Maschine ist, die mit irgendeinem Treibstoff bewegt werden kann, wie es Newton noch beschrieben hat, indem er Descart'sches Gedankengut ausweitete, sondern daß er vermutlich durch Beeinflussung der funktionellen Veränderbarkeit — durch anregende oder hemmende Impulse an bestimmte Gewebe des Organismus — vermitteln kann: „Mens sana..." Die geistig-seelische Verfassung eines Menschen ist also in hohem Maße von seiner körperlichen Kondition abhängig und umgekehrt.

Die geistig-seelische Verfassung eines Menschen ist weitgehend von der körperlichen Kondition abhängig

Die Vorteile eines regelmäßigen Körpertrainings für die physiologischen Abläufe sind vielfältig. Bei allen Tätigkeiten, die mit Ausdauerleistung verbunden sind (langsames Laufen, Radfahren, Schwimmen, Schilanglaufen usw.), werden große Muskelgruppen beansprucht. Durch diese Muskelaktivität wird dem Herz vermehrt Blut zugeführt. Es reagiert wie jeder andere Muskel: indem es bei steigender Belastung mit jedem Schlag mehr Blut auswirft. Auf Dauer gesehen, führt dies zu einer verbesserten und sparsameren Herzleistung. Die Pulszahl sinkt in der Folge sowohl in Ruhe als auch bei Belastung; auch der Kreislauf wird bei regelmäßigem Körpertraining gestärkt; die Gesamtdurchblutung wird verbessert, vor allem die des Kapillargeflechtes, das die beanspruchte Muskulatur versorgt. Sauerstoff sowie Nährstoffe werden von den Zellen leichter aufgenommen, und die bei der körperlichen Leistung entstehenden Abfallprodukte werden schneller abtransportiert.

Die Vorteile des regelmäßigen Körpertrainings

In der Muskelzelle werden die Fette rascher verbrannt,

dadurch reichen die Kohlenhydratvorräte länger aus. Die Steuerung des Blutzuckerspiegels wird verbessert. Die Folge ist, daß man wesentlich später ermüdet beziehungsweise später als sonst an Konzentrationsfähigkeit verliert.

Körperreiche Belastung führt zu Fettabnahme

Da körperliche Belastung die Fettverbrennung anregt und dieser Vorgang in der Regel noch mehrere Stunden anhält, kann man bei regelmäßiger körperlicher Aktivität, auf Dauer gesehen, mit einer Fettabnahme rechnen. Außerdem wird dadurch das Appetitzentrum im Hirn beeinflußt, worauf der Organismus mit einer besseren Regulation zwischen Nahrungsaufnahme und Energiefreisetzung antwortet.

Da der Mensch mit zunehmendem Alter in der Regel auch einen geringeren Ruhestoffwechsel hat, kann im Falle gleichbleibender Kalorienzufuhr eine beträchtliche Fettschicht angesetzt werden. Regelmäßige Bewegung kann dies verhindern.

Beeinflussung von Knochen, Knorpeln, Sehnen und Gelenken

Auch Knochen, Knorpel, Sehnen und Gelenke werden durch regelmäßige Bewegung positiv beeinflußt. Ein durchtrainierter Körper ist kräftiger, elastischer und weniger anfällig für Verletzungen und Krankheiten.

Man weiß, daß unter anderem eine sitzende Lebensweise schon bei jungen Menschen zu Bewegungseinschränkungen im Bereich des Rückens und der Gelenke führen kann, besonders dann, wenn Fehlernährung sowie psychische Störungen unterstützend mitwirken. Die heilsame Wirkung körperlicher Bewegung ist meist auf die regelmäßige Dehnung von Muskeln, Kapseln und Bändern zurückzuführen.

Alle belastenden Gelenke funktionieren nur dann normal, wenn ein gleichmäßiger Druckkontakt zwischen den überknorpelten Flächen stattfindet. Diese Druckkräfte wirken aber nur dann, *wenn der Mensch sich regelmäßig in aufrechter Haltung ausreichend bewegt.*

In aufrechter Haltung sich ausreichend bewegen

Von den Raumflügen her wissen wir, daß Menschen, die sich längere Zeit im Schwebe- oder im gewichtlosen Zustand befinden, leichter Degenerationen von Knorpeln, Bändern und Gelenken erleiden.

Auch das Nervensystem profitiert von einem regelmäßigen körperlichen Training. Menschen, die körperliche Aktivität gewohnt sind, haben ein besseres Reaktionsvermögen als untätige. Am Spannungszustand älterer Menschen merkt man oft recht deutlich, daß diese regelmäßiges Körpertraining gewohnt sind. Ihr Wohlbefinden ist ganz allgemein besser, und sie sind eher vor Verletzungen gefeit, die sich andere ältere Menschen manchmal — durch mangelnde Reaktionsbereitschaft — zuziehen.

Die Reaktionsbereitschaft

Von besonderer Bedeutung sind jedoch die Auswirkungen regelmäßiger körperlicher Aktivitäten auf die Psyche.

In letzter Zeit wurde gleichzeitig an Universitätskliniken in Hongkong, New York und London eine Substanzgruppe aus dem Hirn isoliert, die Endorphine.

Die Endorphine

Diese sind Hormone mit Eiweißstruktur und werden im menschlichen Hirn produziert. Man schreibt ihnen eine vierzigmal stärkere Wirkung als jener von Morphium zu. Auf diese Weise können wir bei intaktem Funktionieren dieses Hormonsystems im Bedarsfall körpereigene schmerzstillende Hormone produzieren. Außerdem wurde festgestellt, daß die Endorphine bei bestimmten Gemüts- beziehungsweise Geisteskrankheiten — nämlich bei Schizophrenie oder beim manisch-depressiven Formenkreis — nicht regulär produziert werden. Aus Untersuchungen von sportlich Trainierten während einer Extrembeanspruchung über längere Zeit ging hervor, daß diese Endorphine ansteigen und damit eine Herabsetzung der Schmerzschwelle eintritt.

Das ist der Grund, warum Sportler während extremer körperlicher Belastung sehr häufig Verletzungen nicht gleich spüren.

Bezogen auf den Gemütszustand konnte man feststellen, daß in allen Fällen durch die Ausschüttung der Endorphine eine Aufhellung der Stimmung zu beobachten war.

Aufhellung der Stimmungslage durch sportliche Betätigung

Bei Ausschüttung dieser Endorphine tritt in der Regel ein gewisses Hochgefühl auf. Das ist vermutlich unter anderem auch ein Grund dafür, weshalb bestimmte sportliche Aktivitäten wie Jogging, langsames Laufen, Schilanglauf oder Radfahren, also alle Sportarten mit einer sogenannten submaximalen Intensität, welche regelmäßig über 20 bis 30 Minuten oder länger durchgeführt werden, nicht nur für die Dauer der Leistung, son-

dern auch über die Leistung hinaus, möglicherweise und wahrscheinlich sogar über mehrere Tage, zu einer Aufhellung der Stimmungslage führen.
Außer einer richtigen Ernährung im Sinne einer Vollwertkost scheint also die regelmäßige Bewegung ein sicherer Garant für eine heitere Stimmungslage zu sein.
Es ist sicherlich übertrieben, wenn wir in diesem Zusammenhang von einer Sucht sprechen: Tatsache ist jedoch, daß Menschen, die regelmäßiges Körpertraining einer bestimmten Intensität gewohnt sind, dieses kaum mehr missen möchten, da sie sowohl über die körperlichen als auch über die psychischen Auswirkungen dieses Trainings aufgrund eigener Erfahrungen informiert sind. Es ist nur eine allzu menschliche Tatsache, daß man Gewohnheiten, die mit positiven Erlebnissen für Körper und Gemüt einhergehen, nicht mehr missen möchte.

Wenn Gewohnheiten mit positiven Erlebnissen einhergehen...

Auch das Koordinationsvermögen verbessert sich als Folge regelmäßiger körperlicher Übungen. Im Muskelapparat bedeutet eine bessere Koordination eine verbesserte Leistungsfähigkeit und damit einen geringeren Sauerstoffbedarf. Periphere Durchblutungsstörungen, Arterienerkrankungen sowie Herzkranzgefäßerkrankungen können dadurch weitgehend vermieden werden.
Schließlich kann die Leistungskraft durch ein entsprechendes Training gesteigert werden, womit eine schlechte Körperhaltung vermieden wird und besonders ältere Menschen beweglicher, kräftiger und körperlich besser in Form bleiben.
In der folgenden Arbeit wird auch auf die Sportarten Laufen, Schilanglauf und Radfahren genauer eingegangen. Hier soll schon vorweggenommen sein, daß *besonders die Leistungsintensität für das Zustandekommen nützlicher Stoffwechselwerte* entscheidend ist.

Entscheidend ist die Leistungsintensität

Werden bei den genannten Sportarten pro Woche mindestens 2500 Kalorien (das sind zirka 10.000 Joule) verbrannt, so können wir damit rechnen, daß eine Senkung der für die Arteriosklerose entscheidenden LDL-Fraktion erzielt wird. (LDL = Low Density Lipoproteine)
Damit kann der weitverbreiteten Erkrankung und Todesursache unserer Zeit neben einer richtigen Ernährung am entschiedensten entgegengetreten werden.
Sosehr hier auf die Bedeutung von Gesundheitsgymna-

stik und sportlicher Betätigung hingewiesen wird, sosehr möchte ich auch auf diesem Sektor vor Übertreibungen warnen. Schon allein die Tatsache, daß beim Hochleistungssport wie auch bei Schwer- oder Schwerstarbeit in überhöhtem Maße dem Körper Kalorien zugeführt werden müssen, die sowohl den Verdauungstrakt als auch das Verdauungssystem mit den damit zusammenhängenden endokrinen Drüsen belasten, ist sowohl Schwer- oder Schwerstarbeit als auch Hoch- oder Höchstleistungssport als unphysiologisch für den Menschen anzusehen und deshalb vom medizinischen Standpunkt abzulehnen.

Höchstleistungssport ist vom medizinischen Standpunkt abzulehnen

Die sogenannten sportlichen Höchstleistungen in unserer Gesellschaft haben auch weniger den Zweck einer körperlichen Ertüchtigung zum Ziele. Sie führen zu keiner verbindenden friedlichen Mission, und sie erfüllen auch nicht den Zweck, daß Gesundheit, Familienglück und das geistig-seelische und körperliche Wohlergehen gesteigert oder wenigstens geschützt werden.

Sportliche Höchstleistungen dienen ebensowenig der Vorbeugung von Degenerationskrankheiten, von Krebs, Geistes- oder Herzkrankheiten. Sie ändern nicht das Fortbestehen des sozialen Chaos, sie ändern auch nicht das Anwachsen von Familienproblemen und Ehescheidungen. Sie verhindern nicht die ständig wachsende Kriegsgefahr und ändern nicht die biologische, physiologische und psychologische Degeneration des modernen Menschen. Wohl aber werden sie in der Regel dazu mißbraucht, die geradezu krankhaft erscheinende Sensationsgier eines nicht unbeachtlichen Teiles unserer Zeitgenossen zu befriedigen.

Befriedigung der Sensationsgier

Wenn im vorliegenden Werk theoretische und praktische Anleitungen zur Gesundheitsgymnastik und zum Ausdauertraining gegeben werden, so ist die daraus folgende Motivation vor allem zur Steigerung der Eigeninitiative und damit zu einer Verbesserung der Lebensqualität aufzufassen. Fehlerhafte Lebensgewohnheiten können dadurch kompensiert werden wie etwa zu viel oder zu lange sitzende Tätigkeit in schlecht gelüfteten Räumen oder im Auto. Auch übermäßig mit der Nahrung zugeführte Kalorien können auf diese Weise abge-

Zu viel, zu lange sitzende Tätigkeit

baut werden. Die daraus resultierende Gelassenheit und bessere Bewältigung von Problemen jeder Art haben diejenigen kennengelernt, die sich diesem regelmäßigen Körpertraining verschrieben haben.

Bessere Problembewältigung

Sicherlich ist es auch günstiger, wenn man sich sein Hochgefühl über ein tägliches Gymnastikprogramm oder Jogging erarbeitet als über einen regelmäßigen Nikotin-, Alkohol- oder Drogengenuß.

Jeder, der regelmäßig über einen längeren Zeitraum eine Ausdauerleistung wie Schilanglauf, Laufen oder Radfahren erbracht hat, konnte an sich feststellen, daß dabei die ruhelose Denkaktivität abschaltet, daß Probleme nicht mehr wichtig erscheinen, daß man sich in die Harmonie der forcierten Atmung einfühlt und daß man einen besseren und innigeren Kontakt zur Natur findet. Damit entsteht aber gleichzeitig auch die Harmonie zwischen Körper, Atmung, Gefühlen und Verstandesaktivitäten. So kann man sich täglich ohne Höchstleistungen selbst besiegen: in der Überwindung zur regelmäßigen Disziplin. Einige Minuten Gesundheitsgymnastik und einige Minuten Laufen führen dazu, daß es keine Konditionsprobleme mehr gibt und das Herz-Kreislaufsystem für die tägliche Konfrontation mit dem hektischen Alltag besser gerüstet ist. Die knappe Stunde, die wir für körperliche Aktivität und Instandhaltung des Geistes verwenden, können wir durch bessere Leistungsfähigkeit im Beruf um ein Vielfaches wieder einbringen.

Besserer Naturkontakt

Dr. med. Erich Skribot

Wie Sie dieses Buch handhaben sollten

Dieses Buch bietet Ihnen eine allgemein verständliche Anleitung, wie Sie sich Ihren eigenen Körper wieder bewußt machen und ihn in jenen Zustand zurückversetzen können, der Voraussetzung für Gesundheit, Lebensfreude, Selbstbewußtsein und Leistungsfähigkeit ist. Haben im Gefolge der üppigen Jahrzehnte die Zivilisationskrankheiten sprunghaft zugenommen, so wird heute in der vermehrten Freizeit dem Breitensport in größtem Ausmaße gefrönt. An sich eine schöne Entwicklung, wenn auch mit einem Wermutstropfen gemischt: Es gilt nun, jene Sportverletzungen, die häufig aus Unvermögen, Trainingsmangel, aber auch aus Leichtsinn auftreten, durch vernünftige Vorbeugung zu verhüten. Auch das ist ein Grund dafür, warum man die folgenden Gymnastik- und Trainingsmethoden nachvollziehen sollte: Man versetzt sich damit in die Lage, die eigene Lebensqualität zu verbessern, indem man die eigene Freude am Sport erhöht.

Zivilisationskrankheiten und Breitensport

Sport und Lebensqualität

Im ersten Abschnitt mache ich Sie mit der **Wirbelsäulen-, Dehnungs-, Lockerungs-, Kraft- und Trainingsgymnastik** bekannt; Sie können diese allein, aber auch in Gemeinschaft ausüben. Diese Übungen sind begleitende Maßnahmen der im zweiten Abschnitt angeführten Methoden zur Verbesserung der Grundlagenausdauer (Laufen, Radfahren und Schilanglaufen).

Dem Motto entsprechend, daß nur in einem gesunden Körper ein gesunder Geist lebt, widme ich dieses Buch allen jenen sportlich ambitionierten Mitbürgern und Sportkameraden, die gezielt Sport betreiben und gesund bleiben wollen.

WIRBEL-
SÄULEN-
TRAINING

Die Wirbelsäulen-gymnastik

Jeder zehnte Zivilisationsbürger klagt über akute Rückenschmerzen oder über Wirbelsäulenbeschwerden. Verursacht werden diese durch eine veränderte beziehungsweise verbildete Wirbelsäule, die zwar auch als Alterserscheinung auftreten kann, meist jedoch auf Bewegungsarmut, Trägheit und falsche Ernährung zurückzuführen sind.

Die Ursachen einer verbildeten Wirbelsäule

Am Arbeitsplatz sind wir oft zu unnatürlichen Körperhaltungen und Bewegungsabläufen gezwungen; die Folgen: sowohl Unterbeanspruchungen ganzer Muskelpartien als auch Überlastungen von Muskeln und Bewegungsapparat; ferner eingeprägte falsche Bewegungsmuster, die ein gleichmäßiges, harmonisches Zusammenspiel zwischen Muskulatur und Bewegungsapparat verhindern.

Abgesehen von angeborenen Fehlstellungen der Wirbelsäule kann es besonders im jugendlichen Alter zu erworbenen Fehlbildungen kommen (Tragen der Schultasche in der Hand; unzureichende schulsportliche Aktivität; unfachmännisches Training). Neben degenerativen Veränderungen der Wirbelsäule sind Verspannungen und Zerrungen der langen Rückenmuskulatur einer der häufigsten Gründe für Rückenschmerzen, die oftmals mit einer schmerzhaften Reizung an den Nervenaustrittstellen einhergehen. Diese Verspannungen haben ihre Ursachen auch in Störungen des Darmtraktes, in Blinddarmentzündungen, Kieferhöhleneiterungen und schlechten Zähnen.

Verspannungen und Zerrungen der langen Rückenmuskulatur

Um diese Rückenschmerzen zu lindern beziehungsweise Muskelverspannungen zu lösen, sind die gebräuchlichsten Behandlungsmethoden neben der *Neuraltherapie* und *Chiropraktik* die physikalischen Methoden wie *Massagen, Kurzwellenbestrahlung, Schlammpackungen* und so weiter...

Auf Dauer gesehen führt aber nur eine gezielte Wirbelsäulengymnastik zu anhaltendem Erfolg, denn die zwischen den einzelnen Wirbelkörpern liegenden Bandscheiben brauchen zur Ernährung beziehungsweise zum Stoffwechsel Druckreize, die nur durch gezielte wechselnde Belastungen der Bandscheiben ausgeübt werden können.

Die Bandscheiben brauchen Druckreize

Diese Wirbelsäulengymnastik dient
- zur Vorbeugung und
- zur Eigenbehandlung

von Wirbelsäulenbeschwerden.

In akuten Fällen ist es jedoch notwendig, daß Sie sich vorher einer ärztlichen Untersuchung unterziehen. Mit der Gymnastik sollten Sie erst beginnen, wenn Sie schmerzfrei sind beziehungsweise wenn vom Arzt keine Bedenken geäußert werden.

Das *Ziel dieser Gymnastik* ist das Erlernen natürlicher Bewegungsmuster und Bewegungsabläufe sowie das Kennenlernen des eigenen Körpers. Die Wirbelsäule ist die Stütze des Rumpfes; ihre Festigkeit hängt von der sie umgebenden Muskulatur ab. Die Wirbelsäulengymnastik ist eine Ganzheitstherapie und trainiert nicht nur die lange Rückenmuskulatur, sondern auch die Bauch-, Hüft-, Gesäß- sowie die Schulter- und Halsmuskulatur.

Die Wirbelsäulengymnastik ist eine Ganzheitstherapie

Den optimalen Zustand erreichen Sie, wenn zwischen Mobilität (Beweglichkeit) und Stabilität (Kraft) der Wirbelsäule Gleichgewicht herrscht. Die Beweglichkeit erreicht man durch gezieltes Dehnungs-, die Kraft durch entsprechendes Muskeltraining.

Dehnungs- und Muskeltraining

Ein Übermaß an Beweglichkeit ohne entsprechende Stabilität führt dazu, daß sich Wirbelsegmente leichter verschieben und somit die Nervenstränge irritieren. Ein Übermaß an Kraft führt zu Verspannungen und zu hohen Drücken auf die Bandscheiben, die dann übermäßig abgenützt oder deformiert werden.

Sich natürlich zu bewegen bedeutet nicht nur, die Bewegung auf viele Muskelgruppen, sondern auch auf möglichst viele Wirbelgelenke aufzuteilen. Daher sollten Sie sich bei jedem körperlichen Training auch geistig auf Ihre Muskulatur und Ihren Bewegungsapparat besinnen. Führen Sie also die Bewegungsabläufe so langsam wie möglich durch! Auf diese Weise erreichen Sie eine optimale Kräftigung jeder einzelnen Muskelfaser entlang der Wirbelsäule und eine optimale Beweglichkeit der einzelnen Wirbelkörper.

Die Bewegung richtig „aufteilen“…

Rechtzeitig einen Masseur oder einen Physiotherapeuten konsultieren

Für die Anwendung der Wirbelsäulengymnastik gibt es keine Altersgrenze. Bevor Sie damit beginnen, sollten Sie jedoch einen ausgebildeten Masseur beziehungsweise einen Physiotherapeuten aufsuchen; dieser wird Ihnen sicherlich eine Reihe von Hinweisen geben, die verhindern, daß Sie mittels einer falschen Technik das Gegenteil dessen bewirken, was Sie eigentlich angestrebt haben.

Setzen Sie die Wirbelsäulengymnastik vor allem vorbeugend ein, so reicht es, wenn Sie das Programm jeden zweiten Tag durcharbeiten. Wollen Sie sich aber selbst „behandeln", so empfiehlt es sich, täglich zu üben. Ideal ist eine Kombination von Dehnungs- und Wirbelsäulengymnastik, wobei die Dehnungsübungen morgens nach dem Aufstehen und die Wirbelsäulengymnastik mittags oder unmittelbar nach der Alltagsarbeit zu absolvieren ist.

Selbsthilfe erst nach eingehender Beschäftigung möglich

Wenn Sie nach eingehender Beschäftigung mit Ihrem Körper in der Lage sind, die einzelnen Wirbel zu bewegen, so kann es Ihnen auch gelingen, sich bei Wirbelblockaden durch Selbstmanipulation wieder schmerzfrei zu machen.

Alle Übungen sollen langsam und bewußt ausgeführt werden. Am Ende jeder hier vorgestellten Übung werden — in Klammern — die trainierten Muskelpartien bezeichnet beziehungsweise werden die Auswirkungen mehrerer Übungen zusammenfassend beschrieben.

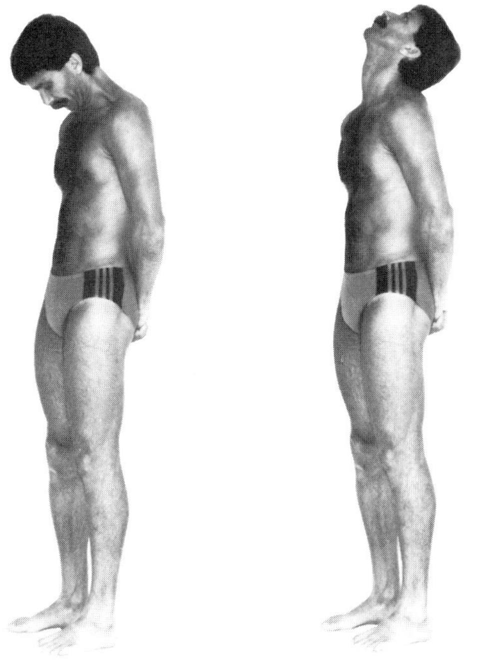

1. Aus der Kopfmittelstellung beugen Sie den Kopf nach vorne, verharren dort 3 bis 5 Sekunden und strecken ihn anschließend so weit wie möglich nach hinten. Nach weiteren 3 bis 5 Sekunden bewegen Sie den Kopf in die Ausgangsstellung zurück.

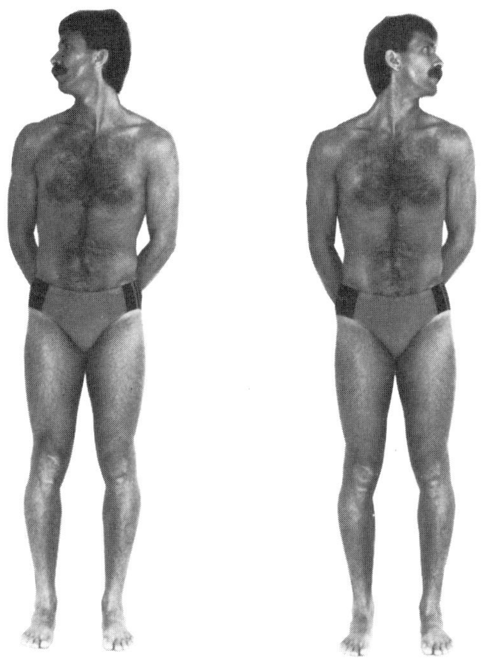

2. Aus der Kopfmittelstellung drehen Sie den Kopf nach rechts, verharren dort 3 bis 5 Sekunden und drehen ihn anschließend nach links. Nach weiteren 3 bis 5 Sekunden drehen Sie den Kopf in die Ausgangsstellung zurück.

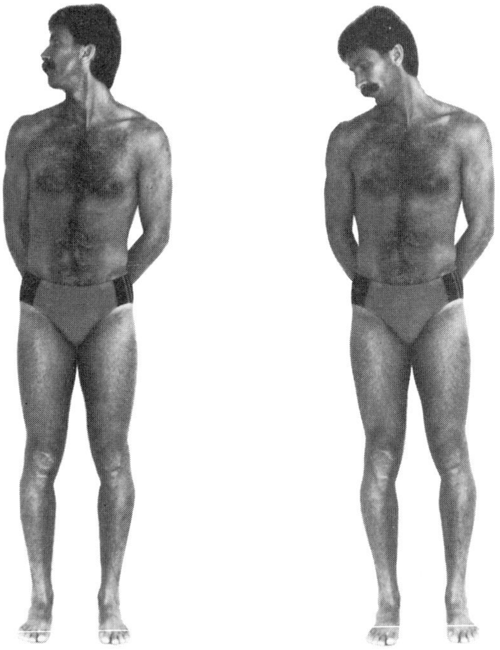

3. Aus der Kopfmittelstellung drehen Sie den Kopf nach links, verharren dort 3 bis 5 Sekunden, und beugen ihn nach vorne, so daß das Kinn das Schlüsselbein berührt. Nach weiteren 3 bis 5 Sekunden bewegen Sie den Kopf in die Ausgangsstellung zurück. Anschließend führen Sie diese Übung nach rechts aus.

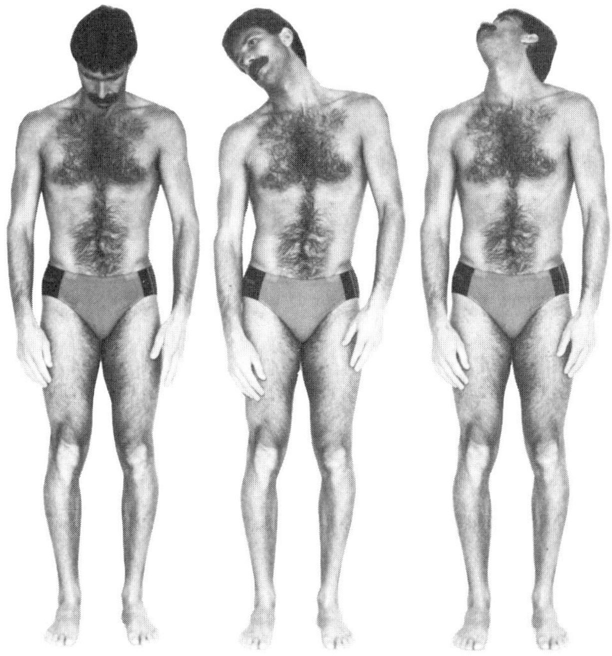

4. Aus der Kopfmittelstellung beugen Sie den Kopf nach vorne, verharren dort 3 bis 5 Sekunden, und neigen ihn dann nach rechts. Nun heben Sie das Kinn an und strecken den Kopf soweit wie möglich nach hinten. Nach weiteren 3 bis 5 Sekunden bewegen Sie den Kopf in die Ausgangsstellung zurück. Nun führen Sie diese Übung nach links aus.

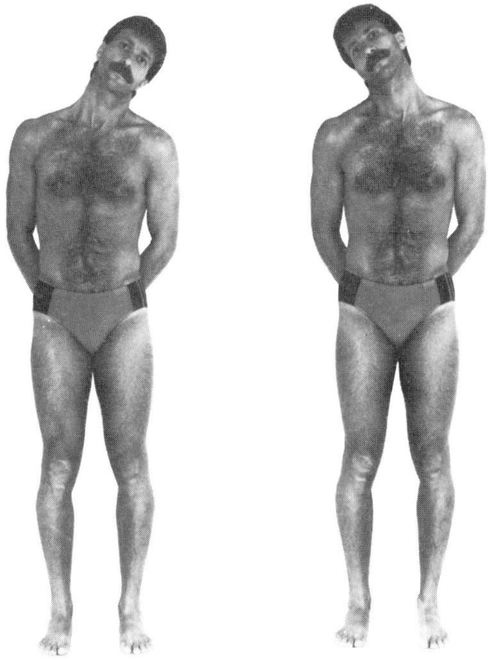

5. Aus der Kopfmittelstellung neigen Sie den Kopf abwechselnd nach links und rechts. Dazwischen machen Sie jeweils 3 bis 5 Sekunden Pause.
Die Übungen 1 bis 5 dienen zur Kräftigung der tiefen, kurzen Nackenmuskulatur sowie der Hals- und Schultermuskulatur.

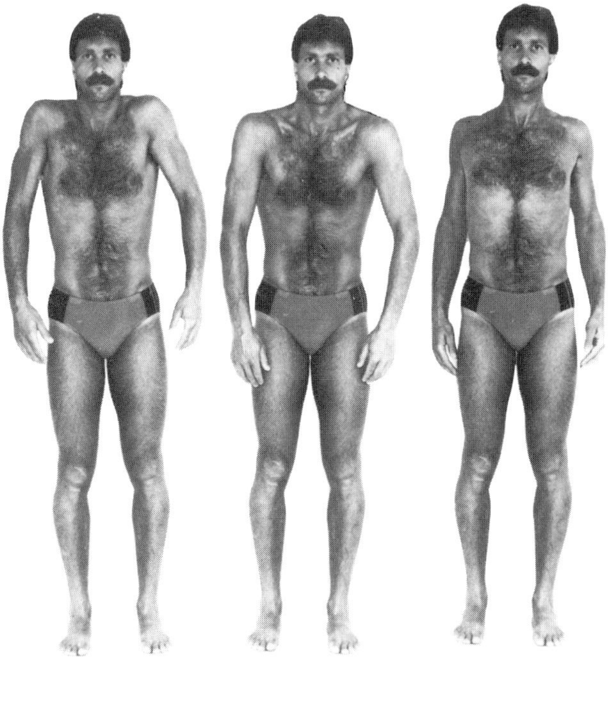

6. In leichter Grätschstellung lassen Sie mit lockeren Armen die Schultern kreisen, wobei Sie die Schultern erst hochziehen, dann nach vorne und unten bewegen. Bei der Bewegung nach hinten aufwärts drücken Sie die Schulterblätter zusammen.
(Vordere und hintere Fixatoren des Schultergürtels)

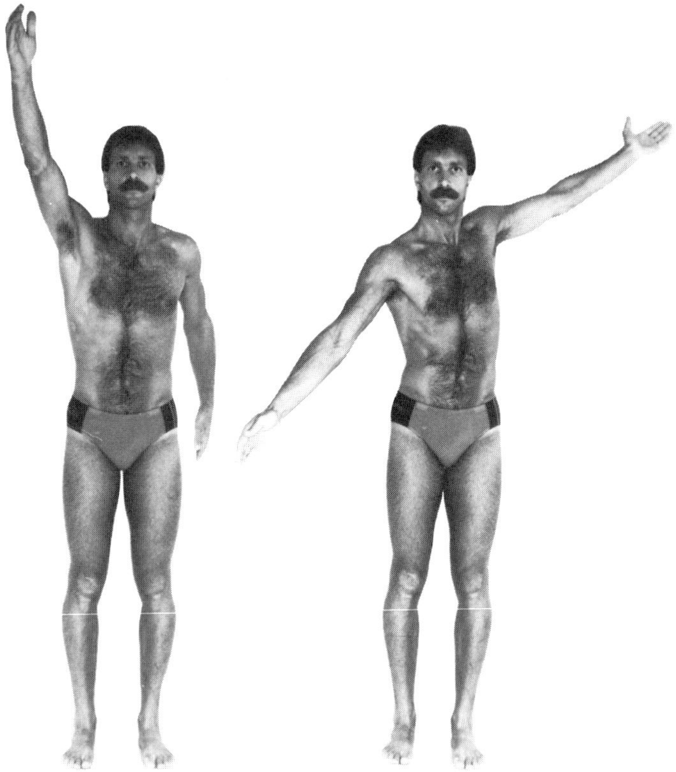

7. In leichter Grätschstellung kreisen Sie die Arme gegengleich, wobei die Hüfte steif und die Wirbelsäule gerade bleibt. Bewegt werden nur Arme und Schultern.
(Schultergürtel und Brustmuskulatur)

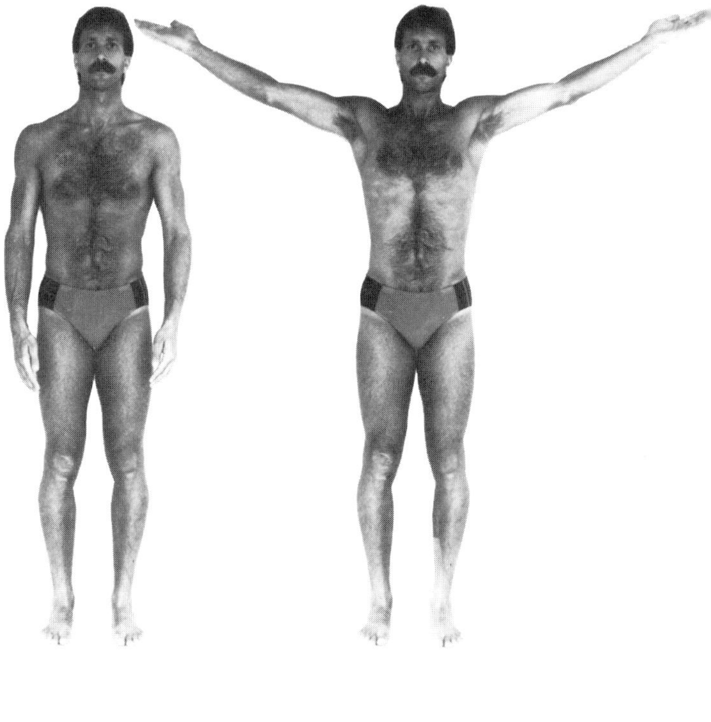

8. In leichter Grätschstellung legen Sie die Arme mit den Handflächen auf die Oberschenkel. Dann drehen Sie beide Arme gleichzeitig nach hinten bis in Schulterhöhe, wobei die Handflächen nach oben zeigen. Die Schulterblätter werden dabei aneinandergedrückt. Nach einer Verweilzeit von 3 bis 5 Sekunden führen Sie die Arme wieder in die Ausgangsposition.
(Brust- und Schultermuskulatur)

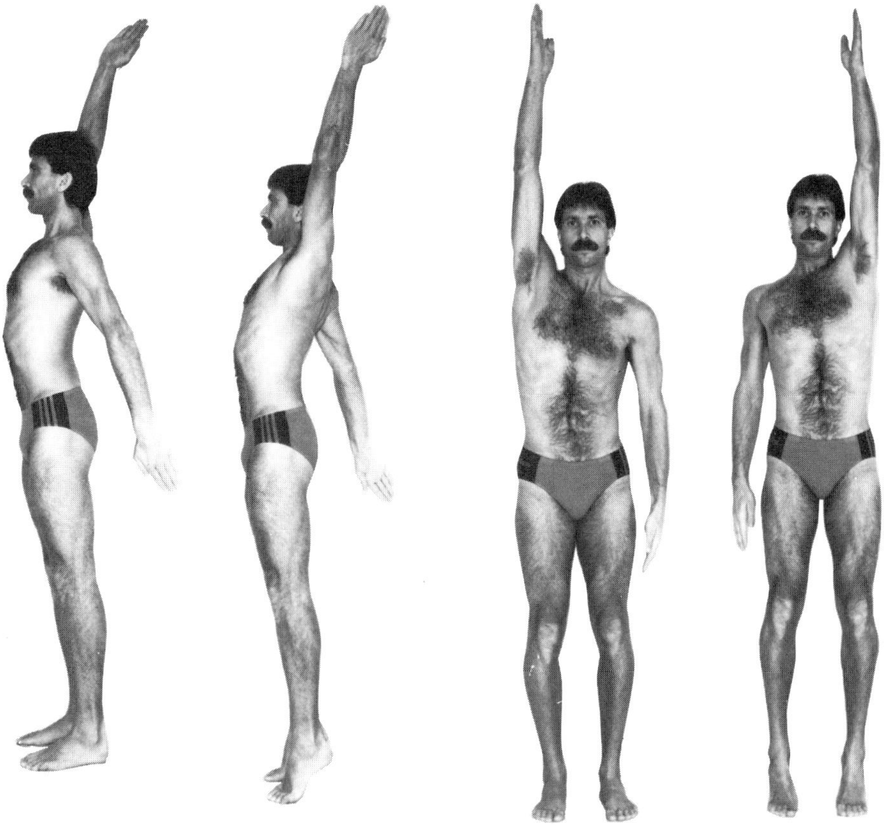

9. In leichter Grätschstellung wird der rechte Arm hochgestreckt, der linke bleibt am Schenkel. Nun bewegen Sie beide Arme gleichzeitig nach hinten, wobei die Handflächen nach innen zeigen. Nach einer Verweilzeit von 3 bis 5 Sekunden machen Sie diese Übung seitenverkehrt. **(Vordere und hintere Fixatoren des Schultergürtels sowie Muskulatur der Brustwirbelsäule)**

10. Im hüftbreiten Stand stecken Sie die linke Hand senkrecht nach oben und die rechte nach unten; die Handflächen zeigen dabei zum Körper. Wirbelsäule und Hüfte bleiben gerade, die Bewegung erfolgt nur aus der Schulterpartie. Nach einer Verweilzeit von 3 bis 5 Sekunden machen Sie die Übung seitenverkehrt. **Gehen Sie bei den Übungen 8, 9 und 10 in der Verspannungsphase gleichzeitig in den Zehenstand; so stärken Sie daneben auch noch die Waden- und Oberschenkelmuskulatur sowie die lange Rückenmuskulatur.**

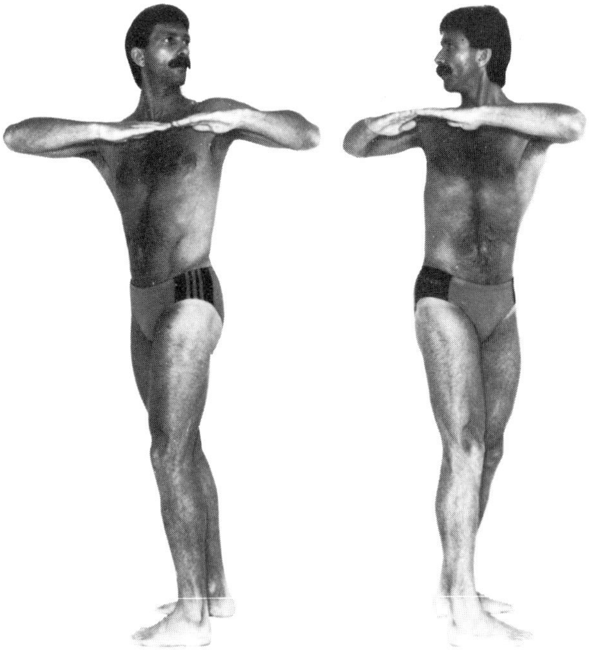

11. In leichter Grätsche heben Sie die Arme waagrecht in die Höhe, wobei die Handflächen nach unten zeigen. Drehen Sie den Oberkörper — ohne die Hüften — abwechselnd nach links und rechts und verharren Sie jeweils 3 bis 5 Sekunden in der verdrehten Position, wobei Sie die Verdrehung durch ein Nach-hinten-Drücken des äußeren Armes verstärken.
(Lange Rückenmuskulatur, Schulterfixatoren und Gesäßmuskeln)

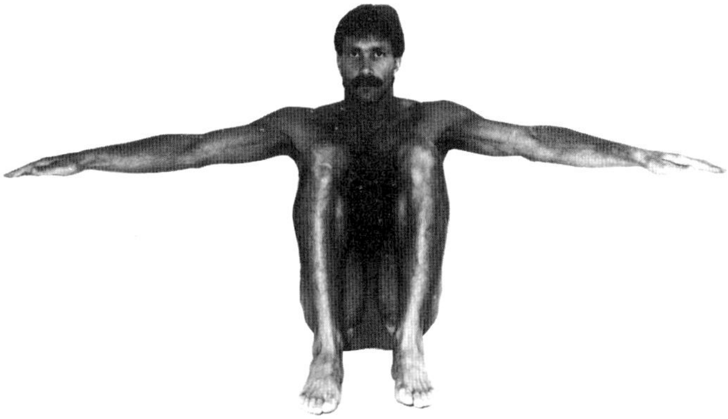

12. Aus dem Langsitz ziehen Sie die Beine an den Körper, so daß Sie nur auf den Sitzbeinen sitzen. Die Arme heben Sie waagrecht in Schulterhöhe und kreisen sie abwechselnd nach vorne und hinten. Der Oberkörper muß dabei durchgestreckt sein und darf kein Hohlkreuz bilden.
(Bauch- und lange Rückenmuskulatur sowie Schulterfixatoren)

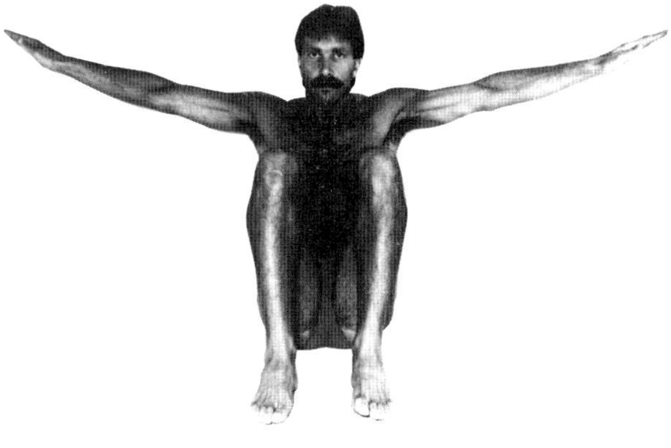

13. In leichter Grätschstellung verschränken Sie die Arme im Nacken und beugen den Oberkörper nach rechts. Dort verharren Sie 3 bis 5 Sekunden. Die Bewegung zurück beginnen Sie mit dem Hochziehen der tieferen Schulter und des Kopfes, so daß die Wirbelsäule zu einem „S" gekrümmt ist. Sind die Schultern beinahe waagrecht, richten Sie den Oberkörper wieder so auf, daß Sie bewußt einen Wirbel nach dem anderen bewegen. Eine Verstärkung dieser Übung erfolgt in der Weise, daß Sie die Hände beim Seitbeugen über dem Kopf verschränken und beim Geradestellen der Schultern die äußere Hand nach oben schieben.
(Nacken-, Rücken- und Rumpfmuskulatur sowie Schulterfixatoren)

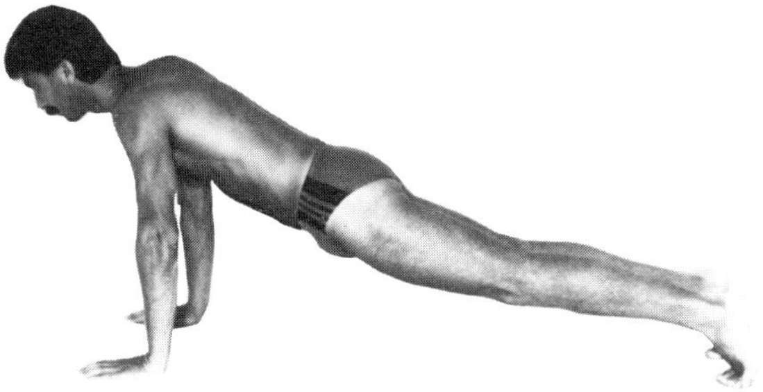

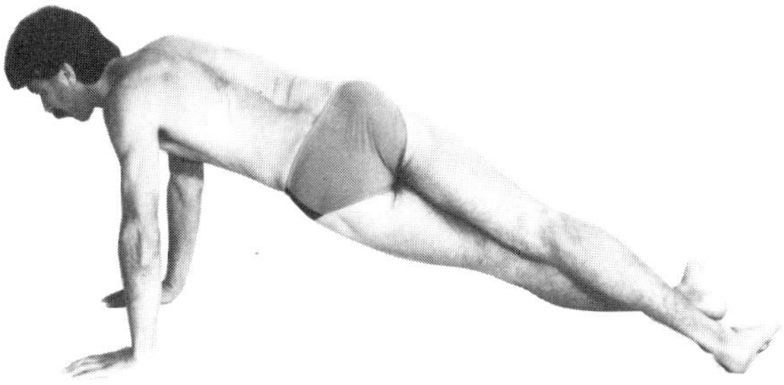

14. Im gestreckten Liegestütz überkreuzen Sie die Beine abwechselnd nach links und nach rechts. Die Arme bleiben dabei am Boden, die Füße liegen hintereinander am Boden. Verweilen Sie jeweils 3 bis 5 Sekunden in der verdrehten Position.
(Seitliche Hüft-, Gesäß- und Rückenmuskulatur sowie Schulterfixatoren)

15. Im gestreckten Liegestütz rücklings heben Sie abwechselnd das linke und das rechte Bein gestreckt an und verharren 3 bis 5 Sekunden in dieser Position. Das Gesäß darf dabei nicht gesenkt werden; heben Sie lieber zu Beginn das Bein weniger hoch an.
(Bauch-, Gesäß- und Rückenmuskulatur sowie hintere Schulterfixatoren)

16. Im seitlich gestreckten Liegestütz (Oberkörper senkrecht gedreht) heben Sie das obere Bein senkrecht nach aufwärts und verharren dort 3 bis 5 Se-

kunden. Die Hüfte darf dabei nicht geknickt werden; heben Sie lieber zu Beginn das Bein weniger hoch an. Danach drehen Sie den Körper um 180 Grad und machen die Übung mit dem anderen Bein.
(Seitliche Hüftmuskulatur, gesamte Rumpfmuskulatur mit Bauch-, Rücken- und Gesäßmuskeln sowie Schulterfixatoren)
Zur Erleichterung können Sie diese Übung auch seitlich auf dem Boden liegend machen.

17. Aus der Brücke (Becken in der Waagrechte) strecken Sie abwechselnd das linke und das rechte Bein nach vorne und verharren in dieser Position 3 bis 5 Sekunden.
(Nacken-, Bauch-, lange Rückenmuskulatur sowie Schulterfixatoren)

18. Aus der „Bankstellung" heben Sie den rechten Arm und das linke Bein in die Waagrechte und strecken sich dabei über 3 bis 5 Sekunden. Anschließend wechseln Sie Arm und Bein.
(Nacken-, Bauch-, Rücken- und Gesäßmuskulatur sowie Schulterfixatoren)

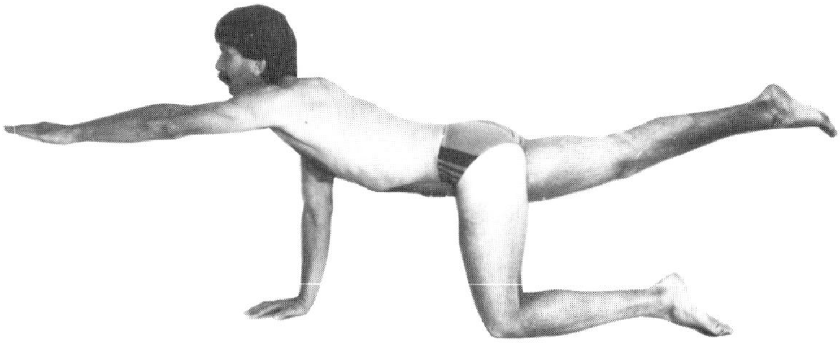

19. Aus der „Bankstellung" mit waagrechter Wirbelsäule richten Sie das Becken auf, ziehen den Bauch ein und machen einen Katzenbuckel, indem Sie den Rücken wölben und das Kinn zur Brust führen. Nach 3 bis 5 Sekunden beugen Sie die Arme, bis der Kopf den Boden berührt. Dann schieben Sie den Oberkörper mit den Oberschenkeln so lange nach vorne — unter Abrollen des Kopfes —, bis Sie ein Ziehen in der Wirbelsäule verspüren. Nach weiteren 3 bis 5 Sekunden entspannen Sie sich in der Ausgangsstellung. Vorsicht vor Überdehnung der Nackenmuskulatur, wenn Sie den Oberkörper zu energisch vorschieben!
(Nacken- und Rückenmuskulatur)

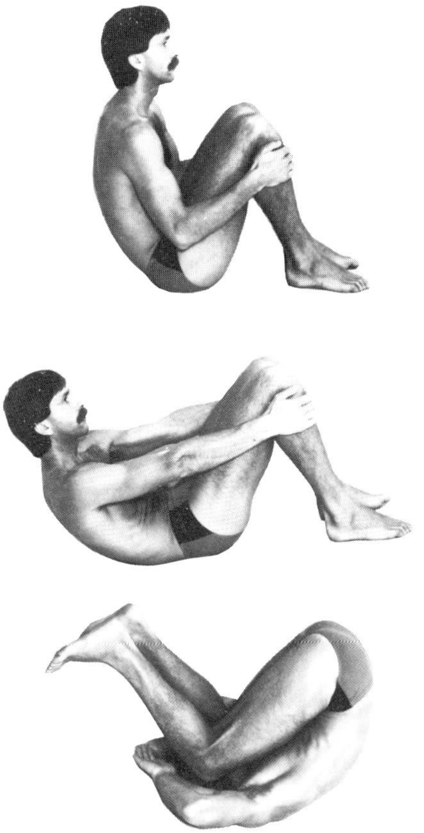

20. Im Hocksitz umfassen Ihre Arme die Knie. Dabei krümmen Sie den Rücken maximal und ziehen den Bauch ein. Dann rollen Sie langsam nach hinten ab und halten so lange wie möglich die Knie umschlungen, damit die Wirbelsäule maximal gekrümmt bleibt. Die Rollbewegung muß rund und harmonisch ablaufen. Beim Vorrollen legen Sie quasi jeden einzelnen Wirbel vom Hals bis zur Lende auf den Boden, danach gehen sie wieder in die Ausgangsposition zurück.
(Nacken-, Rücken-, Gesäß- und Bauchmuskulatur)

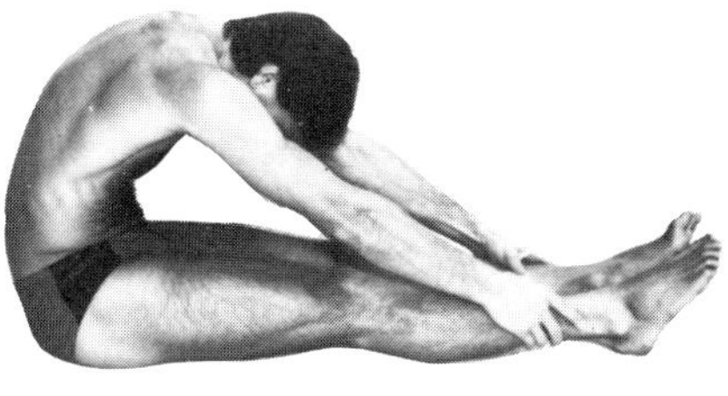

21. Aus dem Langsitz beugen Sie den Oberkörper nach vorne und senken das Kinn zur Brust. Aus dieser Katzenbuckelstellung rollen Sie den Körper über die Lenden-,

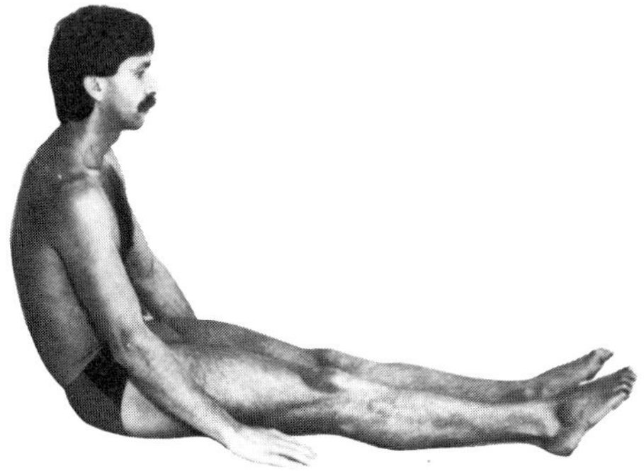

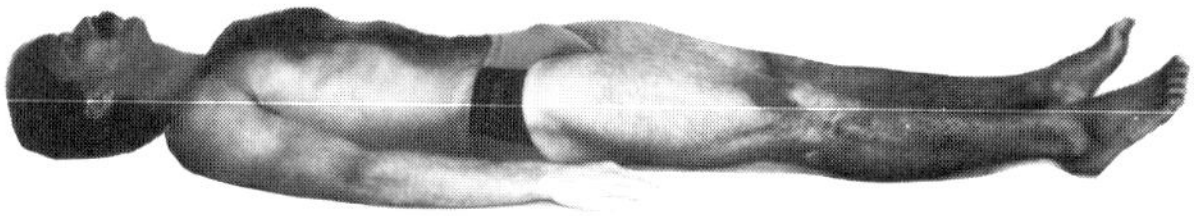

Brust- und Halswirbelsäule nach hinten ab, bis der Kopf — als letzter — den Boden berührt. Dann heben Sie die Beine an, kippen die Hüfte nach oben; behalten Sie aber das Kreuz auf dem Boden. Bewegen Sie nun die gestreckten Beine über die Senkrechte weiter nach hinten, bis die Zehen den Boden berühren. Nach 3 bis 5 Sekunden rollen Sie über die Hals-, Brust- und Lendenwirbelsäule — Wirbel für Wirbel — wieder nach vorne, bis die gestreckten Beine senkrecht nach oben zeigen. Das Kreuz fest auf den Boden gedrückt, senken Sie nun die Beine, bis Sie den Boden berühren. Nun führen Sie das Kinn wieder zur Brust und richten den Oberkörper über Hals-, Brust- und Lendenwirbelsäule — Wirbel für Wirbel — wieder auf.

(Nacken-, Bauch-, lange Rücken- und Gesäßmuskulatur)

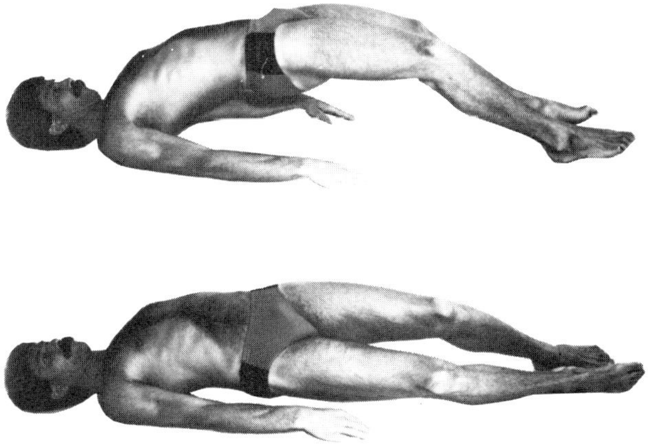

22. Aus der Rückenlage mit seitlich ausgestreckten Armen heben Sie die Hüfte an, so daß nur mehr Fersen und Schultern den Boden berühren. Nun verwinden Sie den Körper abwechselnd nach rechts und links, bis die Hüfte den Boden berührt. In der seitlichen Lage wird jeweils ausgeatmet.
(Nacken-, Rücken-, Bauch- und Gesäßmuskulatur sowie Schulterfixatoren)

23. Aus der Rückenlage mit angezogenen Beinen und am Körper anliegenden Armen kippen Sie das Becken hoch und drücken es über die Lenden-, Brust- und Halswirbelsäule nach oben, bis der Körper auf den Schultern und im Zehenstand ruht. Nun machen Sie denselben Bewegungsablauf wieder zurück.
(Rücken-, Bauch- und Gesäßmuskulatur)

24. Im Kniestand führen Sie das Kinn zur Brust, beugen den Kopf über Hals-, Brust- und Lendenwirbelsäule und bewegen sich dabei in den Fersensitz, bis der Kopf das Knie berührt. Nach 3 bis 5 Sekunden heben Sie den Kopf in den Nacken und richten den Oberkörper in die Waagrechte auf, wobei Sie ein Hohlkreuz bilden. Die Hände sind während dieser Übung am Rücken verschränkt. Nach 3 bis 5 Sekunden führen Sie das Kinn wieder zur Brust, beugen den Oberkörper und gehen zurück in den Fersensitz. Über Lenden-, Brust- und Halswirbelsäule gehen Sie wieder zurück in den Kniestand.
(Nacken-, Rücken-, Bauch-, Gesäß- und Beinmuskulatur)

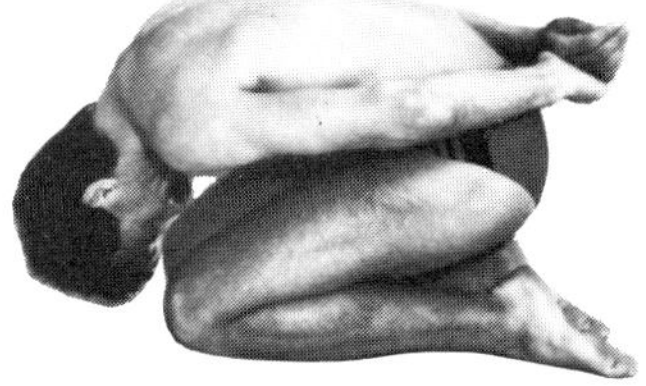

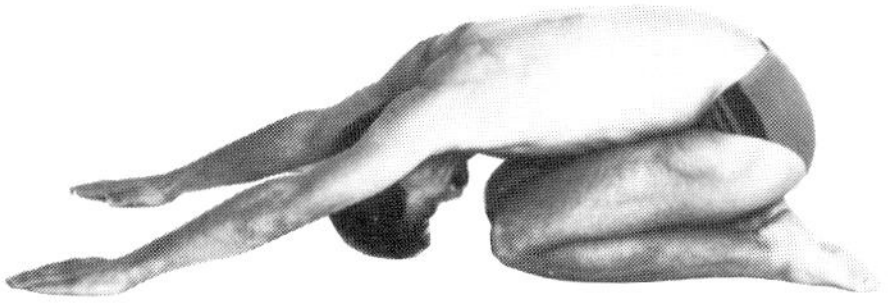

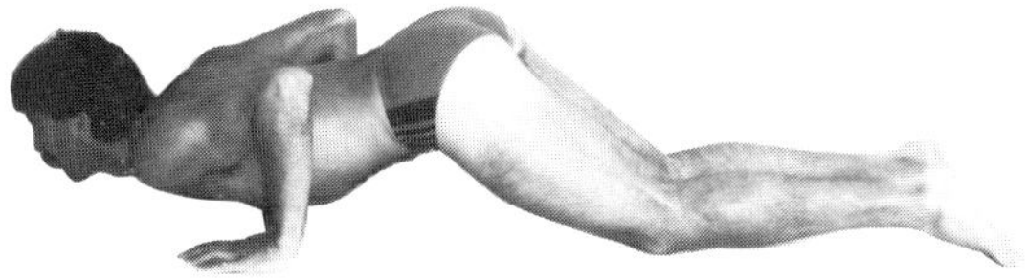

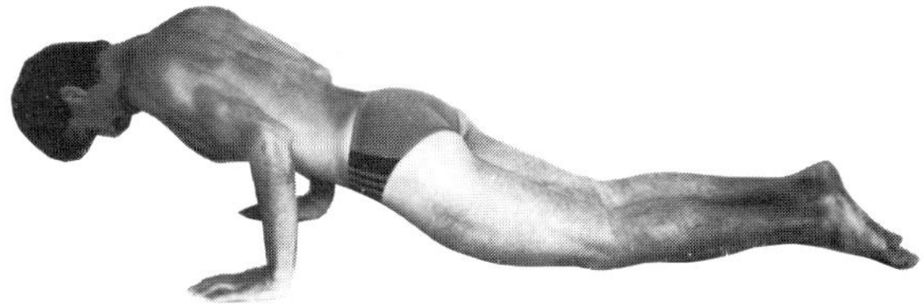

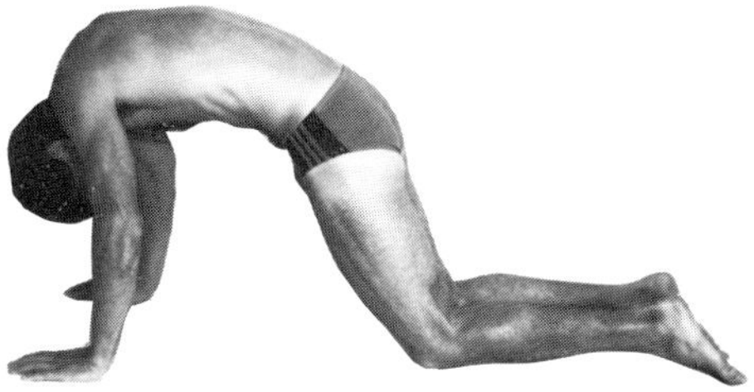

25. Im Fersensitz beugen Sie den Körper nach vorne und strecken die Arme weit vorwärts. Nun schieben Sie den Körper über die Arme mit einem Hohlkreuz nach vorne, wobei der Kopf im Nacken ist. Nach 3 bis 5 Sekunden drücken Sie in der gestreckten Haltung (so nah wie möglich über dem Boden) das Kinn zur Brust und schieben den Körper zurück in eine Katzenbuckelhaltung in den Fersensitz. Das Einatmen erfolgt in der Rückkehrphase, das Ausatmen beim Vorstrecken.

(Arm-, Rücken-, Bauch- und Gesäßmuskulatur sowie Schulterfixatoren)

26. In der Rückenlage mit seitlich ausgestreckten Armen winkeln Sie das linke Bein an, bis der Oberschenkel einen rechten Winkel mit dem Körper bildet. Dann drehen Sie das angezogene linke Bein über das rechte, daß das Knie den Boden berührt. Nach 3 bis 5 Sekunden gehen Sie wieder zurück in die Ausgangsposition und machen die Übung nach der anderen Seite. Die Schulterblätter bleiben bei dieser Übung am Boden.

(Bauch-, Rücken- und Gesäßmuskulatur sowie Schulterfixatoren)

Die Übungen 19, 20, 21, 23, 24 und 25 dienen im speziellen zur Verbesserung der Beweglichkeit der gesamten Wirbelsäule.

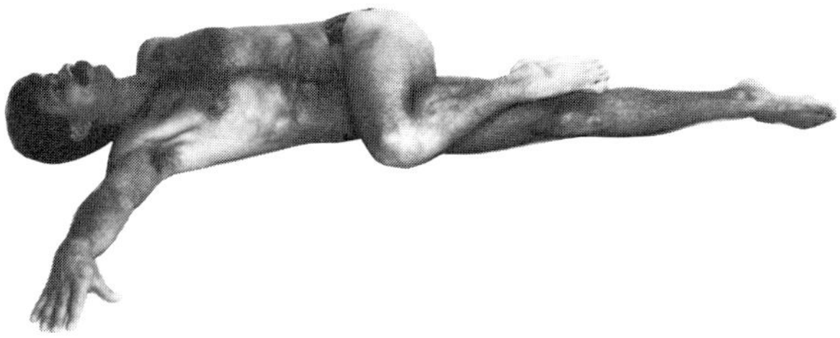

Wirbelsäulengymnastik

	Gesundheits- oder therapeutische Gymnastik	Aufbautraining	Vorbereitungs- oder erhaltendes Training	Wettkampf-training
	Eine Serie	Eine Serie	Zwei Serien	Drei Serien
1	6 ×	10 ×	8 ×	7 ×
2	6 ×	10 ×	8 ×	7 ×
3	6 ×	10 ×	8 ×	7 ×
4	6 ×	10 ×	8 ×	7 ×
5	6 ×	10 ×	8 ×	7 ×
6	6 ×	10 ×	8 ×	7 ×
7	6 ×	10 ×	8 ×	7 ×
8	6 ×	10 ×	8 ×	7 ×
9	6 ×	10 ×	8 ×	7 ×
10	6 ×	10 ×	8 ×	7 ×
11	6 ×	10 ×	8 ×	7 ×
12	6 ×	10 ×	8 ×	7 ×
13	6 ×	10 ×	8 ×	7 ×
14	4 ×	6 ×	6 ×	6 ×
15	4 ×	6 ×	6 ×	6 ×
16	6 ×	10 ×	8 ×	7 ×
17	4 ×	6 ×	6 ×	6 ×
18	6 ×	10 ×	8 ×	7 ×
19	6 ×	10 ×	8 ×	7 ×
20	6 ×	10 ×	8 ×	7 ×
21	4 ×	6 ×	6 ×	6 ×
22	6 ×	10 ×	8 ×	7 ×
23	6 ×	10 ×	8 ×	7 ×
24	4 ×	6 ×	6 ×	6 ×
25	4 ×	6 ×	6 ×	6 ×
26	6 ×	10 ×	8 ×	7 ×

Jede Übung (1–26) ist täglich – je nach Trainingsart – 6-, 10-, 2 x 8- oder 2 x 7mal zu absolvieren.

Die Dehnungsgymnastik

Die Dehnungsgymnastik, vielerorts bekannt unter dem Begriff „Stretching“, ist keine Modeerscheinung; daher löst sie auch nicht Aerobic oder Jogging ab. Sie ist vielmehr eine Trainingsmethode zur Verbesserung oder Aufrechterhaltung der Beweglichkeit.

Eine Methode zur Aufrechterhaltung der Beweglichkeit

Die Vorzüge der Dehnungsgymnastik wurden erst vor kurzer Zeit wiederentdeckt; die medizinische Forschung hat dazu beigetragen, daß ihre Technik verbessert wurde und daß die Dehnungsgymnastik nicht nur als ein physisches, sondern auch als psychisches Training angesehen werden kann. Ein verkrampfter, verspannter Körper hat nämlich auf unser Seelenleben negativen Einfluß; man fühlt sich auch psychisch verklemmt und verspannt. Ein entspannter, geschmeidiger Körper dagegen verursacht Ausgeglichenheit und Selbstsicherheit. Dehnen bedeutet also nicht nur, die Muskeln zu dehnen, sondern auch geistig abzuschalten. Das Wohlgefühl, der Energiezufluß und das Erfolgserlebnis, wenn Sie sich von Übung zu Übung besser dehnen können, wirkt sich auf Sie positiv motivierend aus.

Durch Gymnastik Ausgeglichenheit und Selbstsicherheit

So wie sich jedes Tier nach dem Erwachen reckt und streckt, sollten auch Sie sich nach dem morgendlichen Aufstehen beziehungsweise immer dann, wenn Sie das Gefühl haben, verspannt zu sein, recken und strecken. Jene unter Ihnen, die Sport regelmäßig (oder gar Leistungssport) betreiben, sollten sich vor jedem Training (um den Körper in Spannung zu versetzen und damit Verletzungen vorzubeugen) und nach jedem Training, um die übersäuerte und verkrampfte Muskulatur wieder geschmeidig und elastisch zu machen, von der Waden- bis zur Nackenmuskulatur durchdehnen. Nur so können Sie sicher gehen, daß Sie das Training optimal absolvieren und Ihre sportliche Leistung von Mal zu Mal verbessern.

Wie bei jedem Beginn, sei auch hier zur Vorsicht angeraten. Sonst ist der Schaden größer als der Nutzen. Daher beachten Sie folgende Hinweise:

Einige wichtige Hinweise

- Verharren Sie beim Dehnen in der angestrebten Position, und versuchen Sie nicht zu wippen oder zu federn.

Sie bewegen dabei lediglich den Muskel — ohne Dehneffekt.

● Dehnen Sie so weit, bis Sie eine leichte Spannung spüren, und halten Sie diese Dehnung 10 bis 30 Sekunden. Das Spannungsgefühl sollte dabei abklingen. Ist dies nicht der Fall, so lassen Sie den Grad der Dehnung ein wenig nach.

Richtiges Atmen ist nicht nur bei Gymnastik wichtig

● Atmen Sie während der Dehnungsübung ruhig und gleichmäßig, halten Sie die Luft nicht an. Atembeschwerden während der Übung lassen auf Verspannungen rückschließen; lassen Sie in diesem Fall das Dehnen ein wenig nach, so daß die natürliche Atmung wieder gewährleistet ist.

● Zu starkes (schmerzvolles) Strecken verursacht durch den „Dehnreflex" eine Muskelkontraktion und somit das Gegenteil vom Gewünschten. Es können dabei auch mikroskopische Risse im Muskelgewebe auftreten. Diese führen zur Bildung von Narbengeweben und somit zu einer Verringerung der Elastizität.

Beseitigung muskulärer Verspannungen

Muskuläre Verspannungen beseitigen Sie mit leichtem Dehnen. Wollen Sie Ihre Beweglichkeit beziehungsweise die Muskelkraft verbessern, müssen Sie das Dehnen verstärken.

Oft hört man bei sportlichem Training den Anfeuerungsspruch: „Ein echter Indianer kennt keinen Schmerz." Vergessen Sie diesen Unsinn. Horchen Sie in Ihren Körper, denn Schmerzen zeigen Ihnen an, daß etwas nicht stimmt.

Die Dehnungsgymnastik wird zur Steigerung der Leistungsfähigkeit angewendet, zur physischen und psychischen Entspannung und zur Therapie von Verletzungen, um die Beweglichkeit nach einer langen Ruhestellung wieder zu gewinnen.

Die im folgenden angeführten Übungen garantieren bei richtiger Ausführung eine Dehnung von der Waden- bis zur Nackenmuskulatur.

Am Ende einer jeden Übung werden in Klammern die gedehnten Muskeln und Sehnen angegeben.

1. In der Startposition drücken Sie die Fußsohle des nach hinten gestreckten Beines satt auf den Boden, wobei die Zehen gerade nach vorne zeigen. Verspüren Sie in dieser Position noch keinen Zug, so senken Sie das Becken und verringern Sie den Winkel zwischen gestrecktem Bein und Boden. Haben Sie jedoch in dieser Position kein gutes Gefühl, so lehnen Sie sich in aufrechter Stellung mit den hochgezogenen, abgewinkelten Unterarmen — Kopf an die Hände — gegen eine Wand. Strecken Sie ein Bein, mit der Fußsohle satt aufliegend und den Zehen nach vorne zeigend, nach hinten. Die Dehnung erfolgt durch langsames Vorführen der Hüfte bei gestrecktem unteren Rücken. Wenn Sie das Knie ein wenig durchbiegen, wird dabei auch die Achillessehne gedehnt. Danach machen Sie die Übung mit dem anderen Bein.
(Wade, Achillessehne, Außenseite des Unterschenkels)

2. In einer weiten Schrittstellung — beide Fußsohlen auf dem Boden, die Zehen nach vorne zeigend — beugen Sie

den Oberkörper über das vordere Bein, das dabei nicht abgewinkelt werden soll. Danach machen Sie die Übung seitenverkehrt.
(Wade und Außenseite des Unterschenkels beider Beine, Kniekehle und hinterer Oberschenkel des vorderen Beines, Rückenmuskulatur)

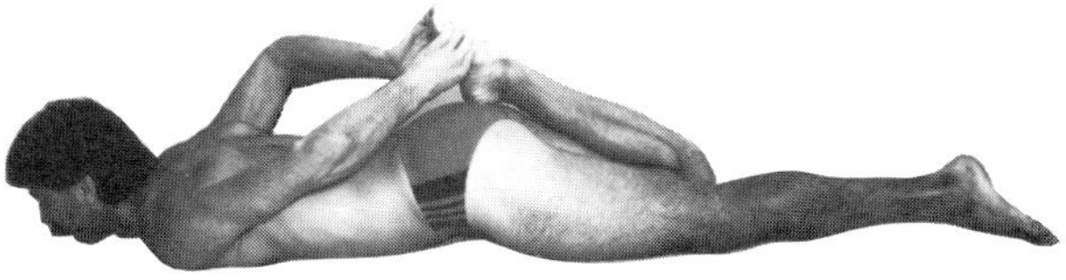

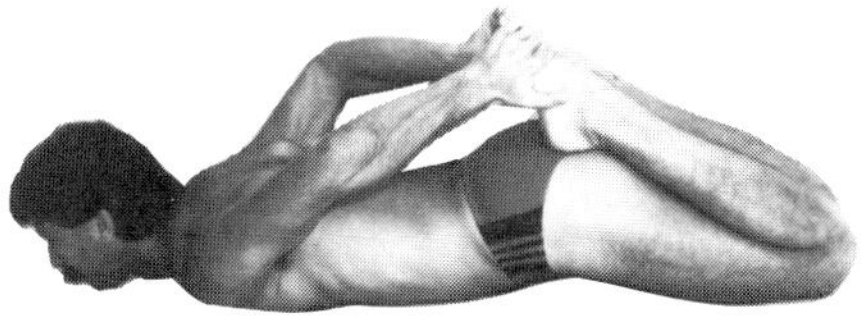

3. In der Bauchlage umfassen Sie mit der linken Hand die Zehen des rechten Fußes und ziehen das Bein so nahe wie möglich an das Gesäß. Anschließend machen Sie die Übung mit dem anderen Bein. (Variation: beide Beine, beide Hände.
(Vorderer Oberschenkel, Rist)

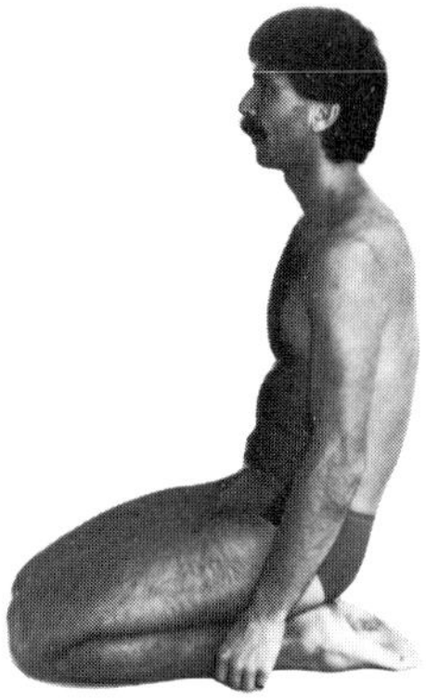

4. Aus dem Kniestand setzen Sie sich langsam mit aufrechtem Oberkörper auf die Fersen, wobei die Füße geschlossen mit dem Rist auf dem Boden liegen. Spüren Sie eine zu große Spannung in den Oberschenkeln, so neigen Sie den Oberkörper so lange nach vorne, bis die Spannung erträglich ist, und stützen Sie sich dabei mit den Armen seitlich der Knie ab. Verspüren Sie jedoch keine Spannung, dann lehnen Sie den Oberkörper nach hinten und stützen sich mit den Armen hinter dem Rücken auf.
Variante: Ziehen Sie die Füße an und stützen Sie sie mit den Zehen am Boden ab.
(Knie, Fußgelenke, vordere Oberschenkel, Zehen, Längsspann)

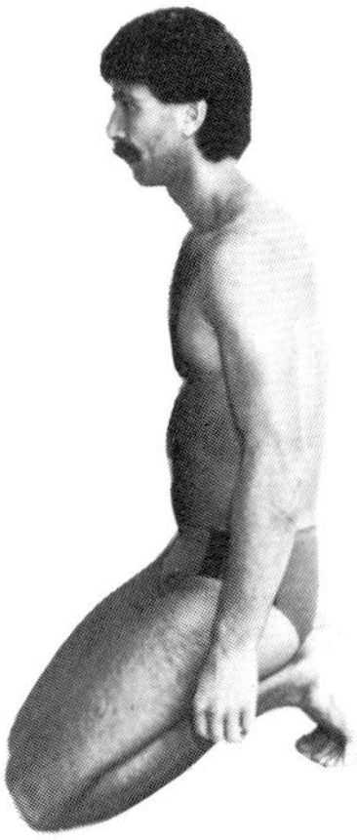

5. Setzen Sie sich in den einbeinigen Fersensitz mit Rist am Boden und strecken Sie das andere Bein nach vorne. Beugen Sie den Oberkörper über das ausgestreckte Bein. Ist Ihnen diese Position zu anstrengend, so ziehen Sie aus dem Langsitz den Fuß eines Beines an die Innenseite des anderen Oberschenkels; dann beugen Sie den Oberkörper, wie vorhin beschrieben, nach vorne. Sind Sie schon gelenkiger, so ergreifen Sie mit der linken Hand die Außenseite des rechten, gestreckten Fußes und drehen Sie den Fuß mit der Hand nach innen. Mit der anderen Hand stützen Sie sich neben dem gestreckten Bein ab.
(Hinterer Oberschenkel, Wade, unterer Rücken, seitlicher Oberkörper, Hüfte, Außenseite des Unterschenkels)

6. Im Langsitz mit gestreckten Beinen umfassen Sie mit den Händen die Sprunggelenke und ziehen den Oberkörper nach vorne. Ungeübte können vorerst die Beine dabei abwinkeln. Fortgeschrittene können zur Verstärkung der Dehnung mit den Händen die Zehen erfassen und den Oberkörper nach vorne ziehen.
(Kniekehle, hintere Oberschenkel, gesamter Rücken beziehungsweise Waden- und Achillessehne)

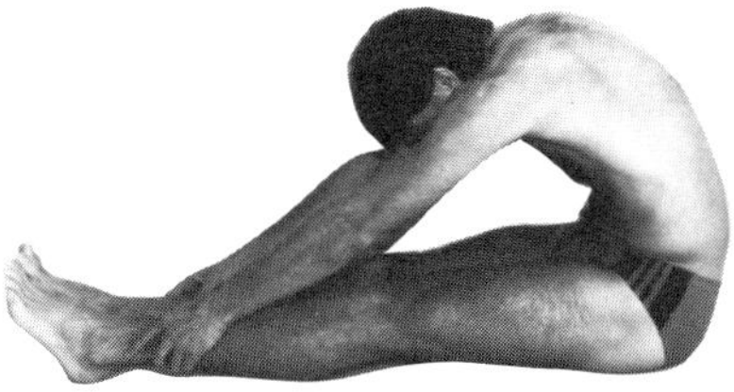

7. Hocken Sie sich aus dem Stand so hin, daß die Füße flach am Boden stehen und 15 Grad bis 20 Grad auseinander schauen. Die Fersen sollen nicht weiter als 15 bis 25 Zentimeter auseinanderstehen. Die Knie sind dabei über den großen Zehen. Der Oberkörper ist leicht nach vorne gebeugt, die Arme lassen Sie zwischen den Knien herunterhängen.
(Fußknöchel, Vorderseite der Unterschenkel, Achillessehne, Knie, Beckenboden, unterer Rücken)

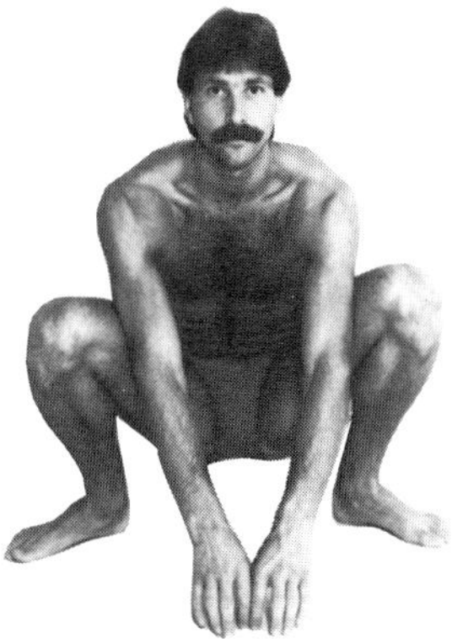

8. Strecken Sie aus dem Kniestand ein Bein seitlich in die Grätsche, so daß die Zehen nach vorne zeigen. Dann beugen Sie den Oberkörper mit hochgestreckten Armen seitlich über das gestreckte Bein. Wenn Sie sehr beweglich sind, erfassen Sie mit den Händen den Fuß und beugen Sie den Oberkörper so weit, bis der Kopf das Knie erreicht. Danach wechseln Sie das Bein. **(Innenknie, innerer Oberschenkel, Beckenboden, seitlicher Oberkörper, äußere Wadenmuskel, Fußknöchel)**

9. Aus einer weiten Grätsche gehen Sie über dem rechten Bein in eine Hocke, wobei die Ferse am Boden bleibt. Das linke Bein bleibt gestreckt, der Fuß zeigt nach vorne. Danach machen Sie die Übung auf die andere Seite.
(Vorderer Oberschenkel, Wade und Achillessehne des gebeugten Beines, innerer Oberschenkel, Innenknie, Beckenboden des gestreckten Beines)

10. Machen Sie einen Ausfallschritt und winkeln Sie das Vorderbein so ab, daß Unterschenkel und Oberschenkel einen rechten Winkel bilden. Das gestreckte Bein stützt sich auf den Zehen ab. Beugen Sie nun den Oberkörper innerhalb des vorderen Beines hinunter und stützen Sie sich mit den Armen am Boden ab. Danach wechseln Sie die Stellung.
(Vorderer Oberschenkel, vordere Hüfte, Zehen und Längsspann des gestreckten Beines, hinterer Oberschenkel und Gesäß des abgewinkelten Beines)

11. Im Langsitz umfassen Sie mit beiden Händen das Sprunggelenk des rechten Beines und ziehen das gestreckte Bein an den Körper. (Anfänger können das Bein auch leicht abgewinkelt anziehen.) Danach machen sie die Übung mit dem anderen Bein.
(Obere Wade, Kniekehle, unterer Oberschenkel, gesamter Rücken)

12. In der Hocke (Ferse am Boden) berühren Sie mit den Handflächen den Boden vor den Füßen. Nun heben Sie das Gesäß und strecken die Beine so weit wie möglich, wobei die Handflächen am Boden bleiben.
(Gesamte hintere Beinmuskulatur, Kniekehle, unterer Rücken)

13. In einer breiten Grätsche verschränken Sie die Hände hinter dem Nacken und beugen den Oberkörper einmal über das linke Bein, dann über das rechte Bein.
(Gesamte hintere Beinmuskulatur, Kniekehlen, gesamter Rücken, Nacken)

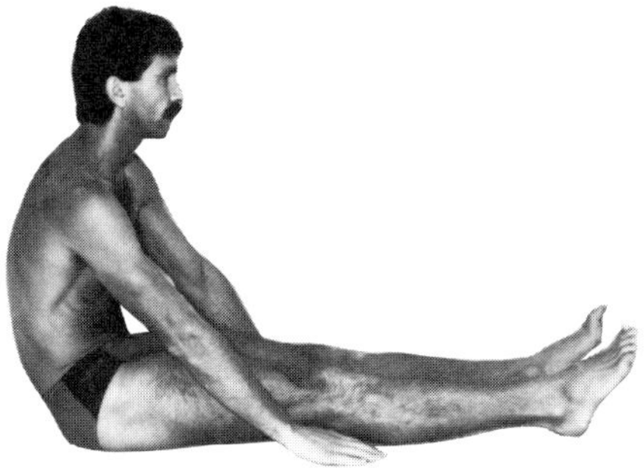

14. Aus dem Langsitz rollen Sie den Oberkörper so zurück, daß die Beine über den Kopf nach hinten zeigen. Sind Sie einigermaßen beweglich, sollen die Fußspitzen bei gestreckten Beinen den Boden hinter dem Kopf berühren. Schaffen Sie das nicht, so lassen Sie die Beine ruhig abgewinkelt und unterstützen Sie notfalls das Becken mit den abgestützten Unterarmen. Sind Sie sehr gelenkig, so ergreifen Sie die Zehen der gestreckten Beine mit den Fingern.

(Hintere Oberschenkel, Kniekehlen, gesamter Rükken)

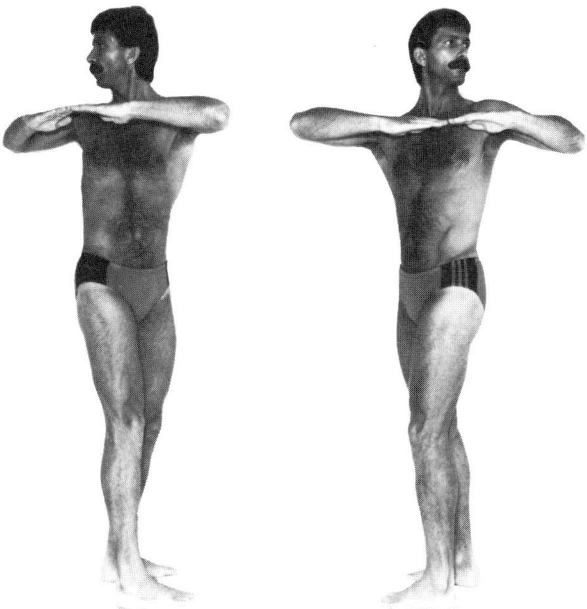

15. In der leichten Grätsche heben Sie die Arme in Schulterhöhe, wobei die Handflächen nach unten zeigen. Dann verwinden Sie den Oberkörper über der Hüfte seitlich nach hinten. Die äußere Hand drehen Sie dabei so weit, daß Sie die Schulterblätter aneinanderpressen.

(Muskeln entlang Wirbelsäule, Schulterrückseite)

16. In einer leichten Grätsche heben Sie die Arme seitlich über den Kopf und beugen den Oberkörper einmal nach links, dann nach rechts.
(Seitlicher Rücken, seitlicher Oberarm)

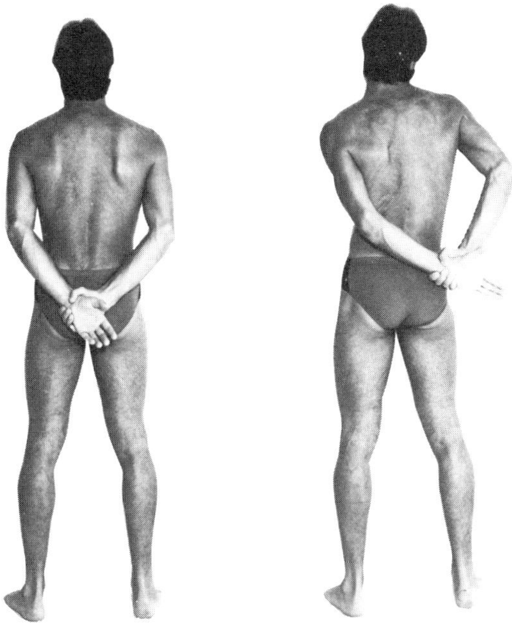

17. In einer leichten Grätsche stehend, verschränken Sie die Arme am Rücken. Dann fassen Sie mit der linken Hand das rechte Handgelenk und strecken Sie so die rechte Hand schräg über den Rücken. Gleichzeitig neigen Sie den Kopf nach links. Danach machen Sie die Übung auf die andere Seite.
(Obere Schulter, seitlicher Hals)

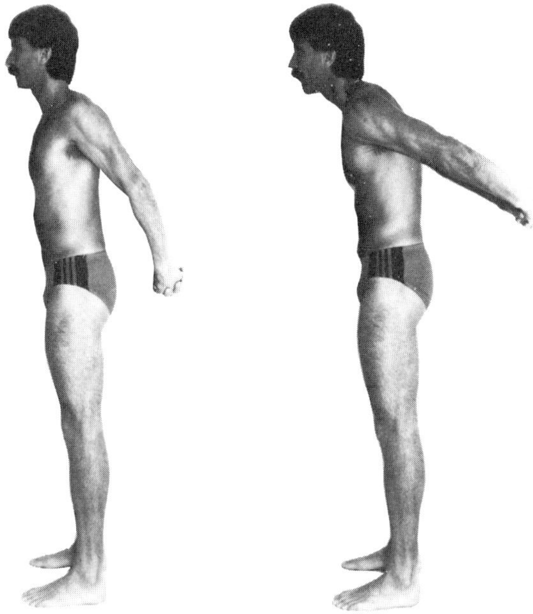

18. In leichter Grätsche verschränken Sie die Arme im Rücken mit gefaltenen Händen. Drehen Sie die Ellbogen nach innen, und heben Sie dabei die Arme so lange an, bis Sie eine Spannung im Brustkorb, in den Schultern oder Armen verspüren.
(Brustkorb, obere Arme, Schultern)

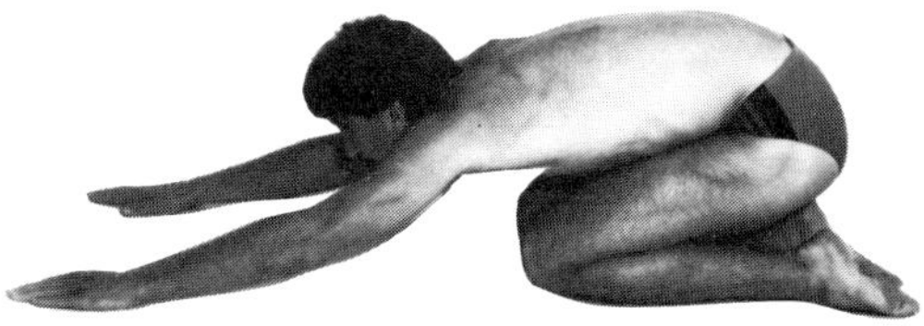

19. Aus dem Fersensitz strecken Sie die Arme so weit am Boden nach vorne, bis die Oberschenkel senkrecht sind. Dann nehmen Sie den Kopf in den Nacken, lassen den Oberkörper durchhängen und bewegen das Gesäß nach hinten, bis Sie in den Schulterpartien eine Dehnung verspüren.
(Hintere Schulter- und Rückenmuskulatur)

20. In leichter Grätsche heben Sie eine Hand schräg nach oben, die andere zeigt schräg nach unten. Nun versuchen Sie, die Hände nach hinten aus-

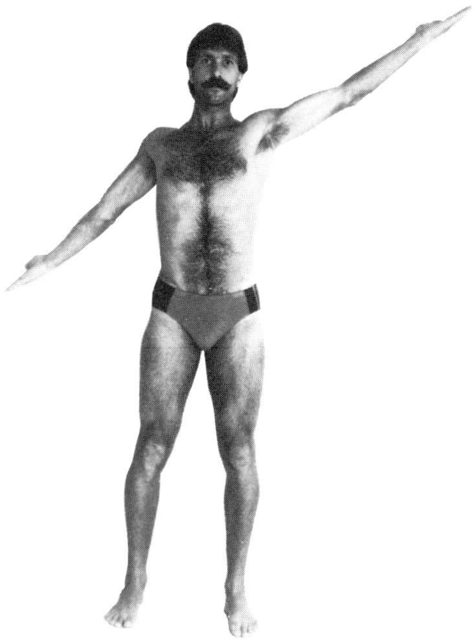

einander zu strecken. Danach machen Sie die Übung seitenverkehrt.
(Vordere Armmuskulatur, Schulter, Brust)

Die Lockerungsgymnastik

In der Fahrschule lernt man, daß man einen heißen Motor, speziell nach einer Berg- oder Hochgeschwindigkeitsfahrt, nicht abrupt abstellen, sondern ihn im Stand auslaufen lassen soll, damit keine kleinen Risse durch Wärmespannung entstehen. Ähnlich verhält es sich mit Ihrem Körper; dieser ist jedoch viel komplexer und empfindlicher als ein Motor.

Den Körper nicht „auskühlen" lassen!

Bleiben Sie nach einer Anstrengung nie stehen, und setzen Sie sich schon gar nicht hin, um den Körper „auskühlen" zu lassen. Sie schaden damit langfristig nicht nur der Muskulatur und dem Kreislauf, Sie können auf diese Weise, unmittelbar nach dem Stoppen, schwindlig werden oder gar einen Kreislaufkollaps erleiden. Das hat seine Ursache darin, daß bei einer hohen Anstrengung — speziell im anaeroben Bereich — die angestrengten Muskelpartien zu viel Blut zur Versorgung benötigen, so daß im Gehirn eine gewisse Blutarmut (Sauerstoffarmut) eintritt. Um dies zu vermeiden, empfiehlt es sich, nach einer Anstrengung den Körper in leichter Bewegung zu halten: Geeignet sind leichtes Traben beziehungsweise Lockerungs- und Entspannungsgymnastik. Speziell mit der Lockerungsgymnastik erreichen Sie sowohl eine Auflockerung der verspannten Muskeln als auch einen allmählichen Übergang des Herz-Kreislaufsystems in den Normalzustand.

Sauerstoffdefizit im Kopf

Nach einem Ausdauertraining sollten Sie die gesamte hier angeführte Lockerungsgymnastik durchführen. Bei einem Krafttraining oder Schnellkrafttraining sollten Sie zwischen den Übungen entsprechende Lockerungsübungen für die beanspruchten Muskelpartien machen.

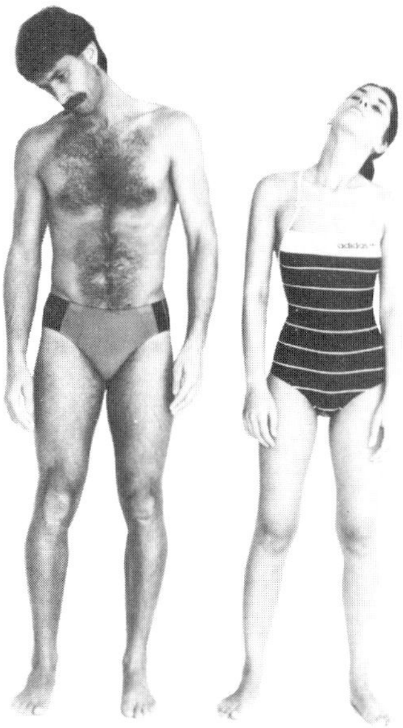

1. Kopfkreisen nach links und rechts

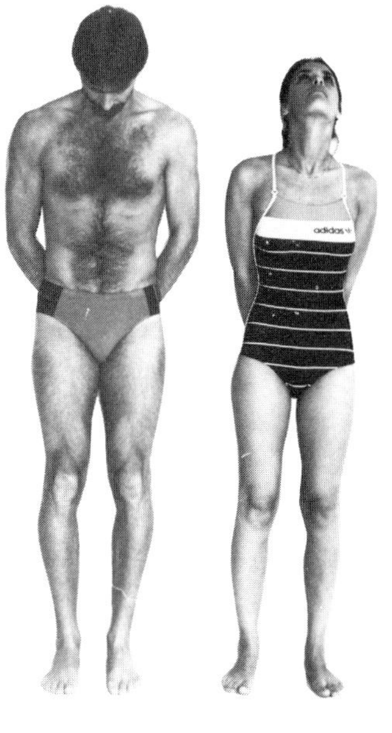

2. Kopfnicken vorwärts und zurück

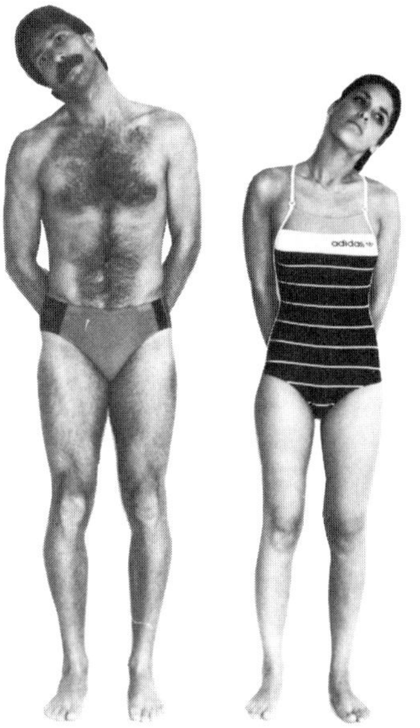

3. Kopfwiegen nach links und rechts

4. Arme kreisen

5. Oberkörpervorlage und diagonal Arme kreisen

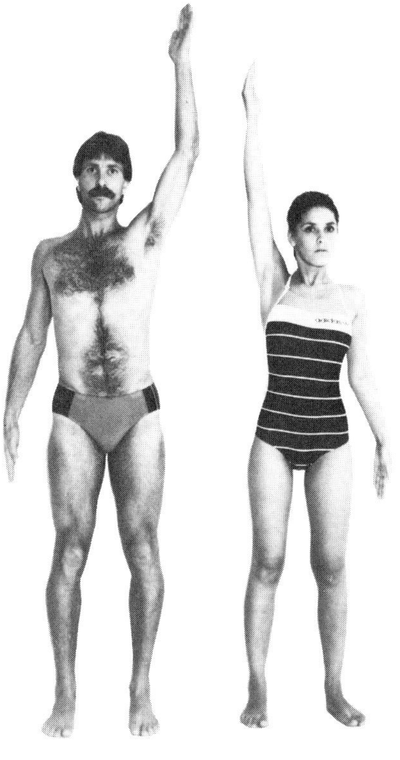

6. Armzüge nach hinten

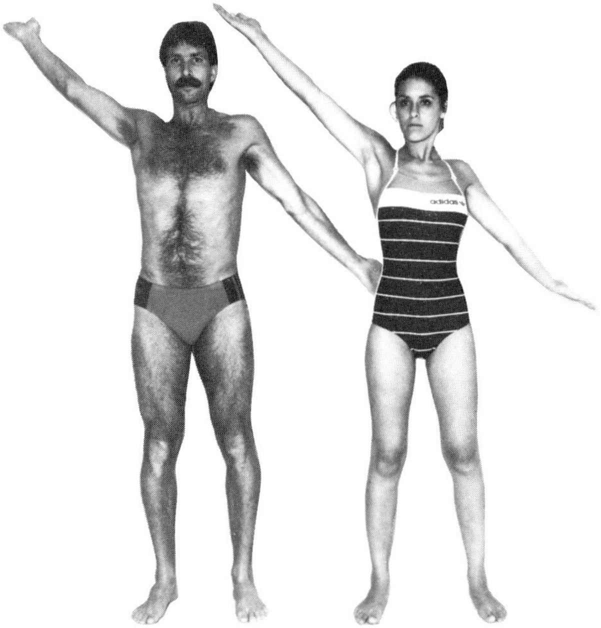

7. Diagonale Armzüge

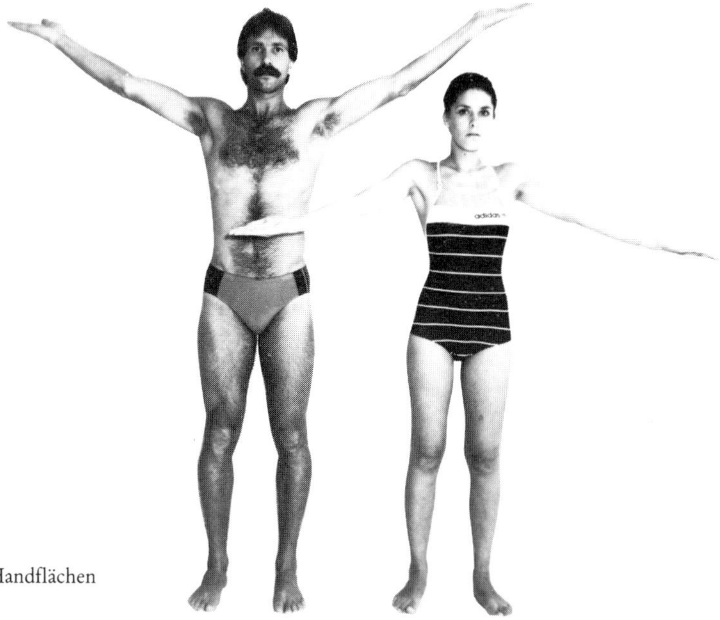

8. Armzüge mit Handflächen nach oben

9. Rumpfverdrehen ohne Hüftdrehung

10. Oberkörper seitlich beugen – mit hochgestreckten Armen

11. Hüftkreisen mit Armen auf Hüfte gestützt

12. Hüft-Knie-Sprunggelenk — Kreisen mit den Armen auf Hüfte gestützt

13. Rumpfkreisen mit gestreckten Armen nach links und rechts

14. In der Grätsche beugen Sie den Oberkörper zum linken und rechten Knie vorwärts

15. In der Grätsche beugen Sie den Oberkörper seitlich zum linken und rechten Knie

16. In der Grätsche versuchen Sie mit verschränkten Armen den Boden zu berühren

17. In der Grätsche, nach rückwärts gebeugt, berühren Sie diagonal mit dem linken Arm die rechte Ferse und umgekehrt

18. In der leichten Grätsche nach rückwärts gebeugt, berühren Sie mit beiden Händen beide Fersen

19. Beinkreisen mit gestreckten Beinen; ziehen Sie abwechselnd links und rechts große Kreise

20. Achterkreisen; eine Schleife wird vor und die andere Schleife wird hinter dem Körper gemacht.

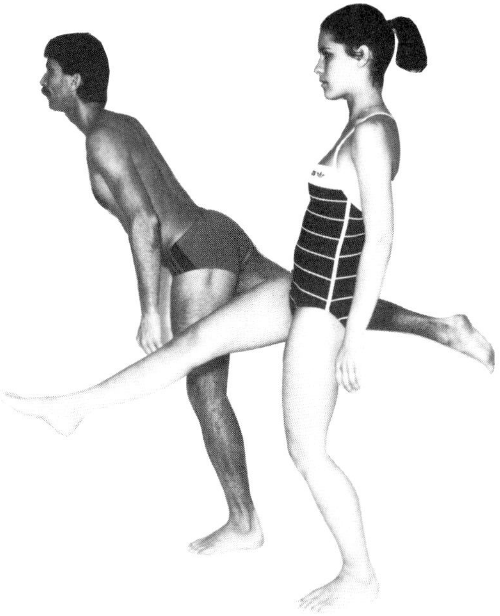

21. Beinschwingen nach vor und zurück

22. Oberschenkel in der Waagrechten halten und Oberschenkel kreisen nach links und rechts

23. Kniekreisen

24. Kniekreisen in der Grätsche

25. Gegengleiches Kniekreisen in der Grätsche

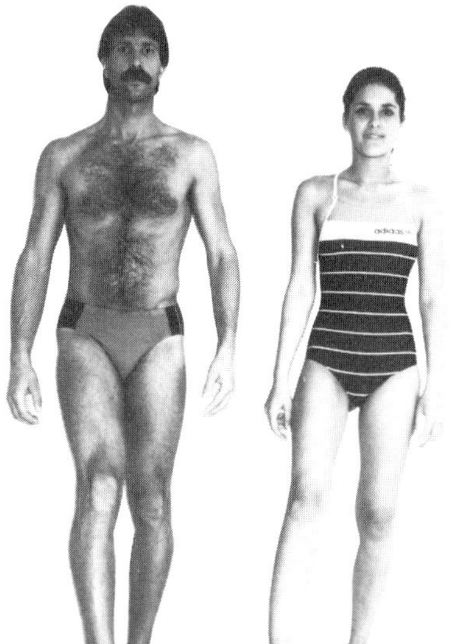

26. Sprunggelenkkreisen nach links und rechts

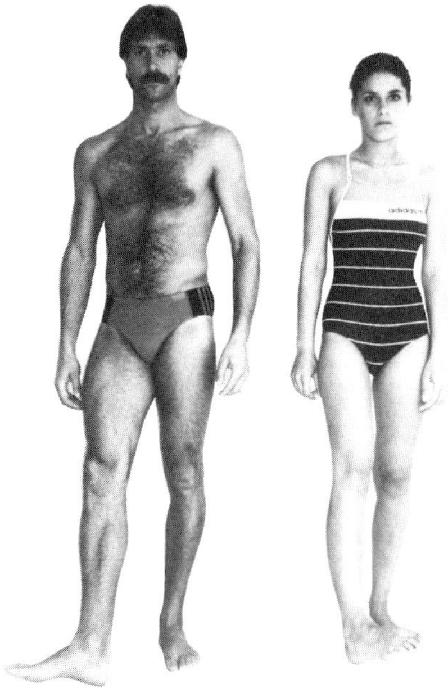

27. Sprunggelenk verdrehen nach links und rechts

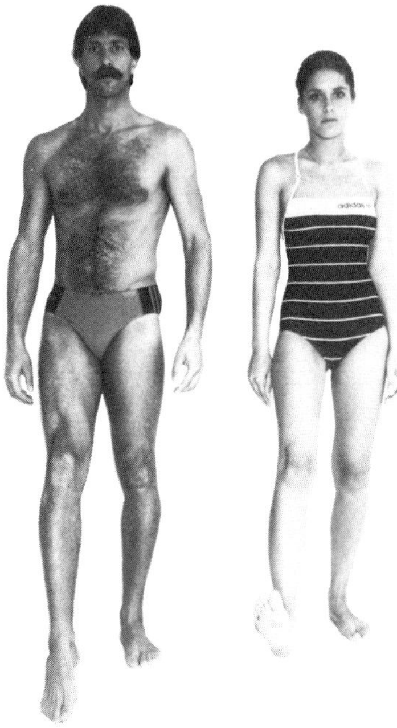

28. Sprunggelenk heben und senken

29. Die Waden dehnen in leichter Schrittstellung

30. Wadendehnung in größerer Schrittstellung mit Vorwärtsbeugen des Oberkörpers

Wiederholungen: 1 bis 30 je fünfmal auf beide Seiten

Die Kraftgymnastik

Unter Kraftgymnastik versteht man jenes Krafttraining, das zu einer allgemeinen Verbesserung von Maximalkraft, Schnellkraft oder Kraftausdauer führt und mit dem eigenen Körpergewicht erreicht werden kann. Leistungssportler werden jedoch nicht umhin können, spezielle Muskelgruppen – entsprechend der jeweiligen Sportart – mit Hilfsmitteln wie Gewichten, Federn, Widerständen usw. zu trainieren. Die hier angeführten Übungen dienen zur Kräftigung des gesamten Körpers und haben zum Ziel, daß Sie zugleich jene Körperpartien kräftigen, die bisher unterentwickelt waren. Basis für ein erfolgreiches und bekömmliches Ausdauertraining ist eine ausreichend ausgebildete Gesamtmuskulatur. Wollen Sie für sich speziell Maximalkraft, Schnellkraft oder Kraftausdauer für bestimmte Muskelgruppen trainieren, so lesen Sie bitte in den „Grundlagen der Trainingslehre" (siehe Seite 121) unter „Trainingsrichtlinien" beziehungsweise „Belastungsumfang". In den Pausen der dynamischen Kraftgymnastik empfehle ich, entsprechende Dehnungsübungen für die trainierte Muskelgruppe zu machen.

Gymnastik zur Kräftigung des ganzen Körpers

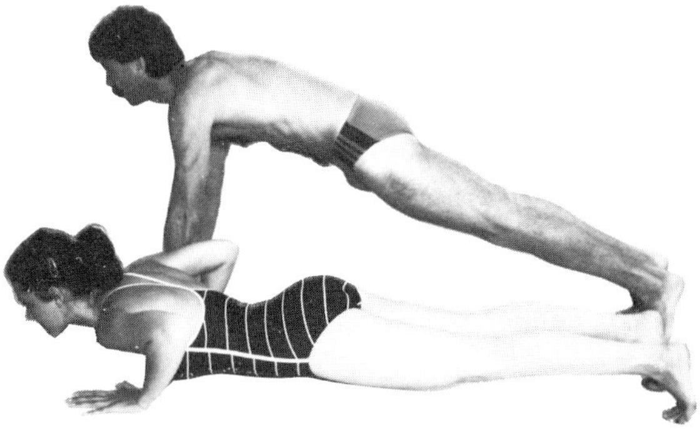

1. Liegestütz

Für Anfänger mit Knieabstützung; das vermeidet eine Überbeanspruchung der unteren Rückenmuskulatur. Für Fortgeschrittene mit Zehenabstützung.

Sie stützen sich, mit den Händen parallel nach vorne zeigend und schulterbreit auseinander, am Boden auf. Dann senken Sie den Oberkörper so nahe wie möglich zum Boden und stemmen sich wieder hoch.

Mit den Ellbogen nahe am Körper trainieren Sie speziell die Oberarme.

Mit den Händen weiter auseinander und ausladenden Ellbogen trainieren Sie speziell die Brustmuskeln.

(Oberarme, Rücken, Schulter, Brust)

Empfohlene Dehnung:
Übung 19, Seite 56

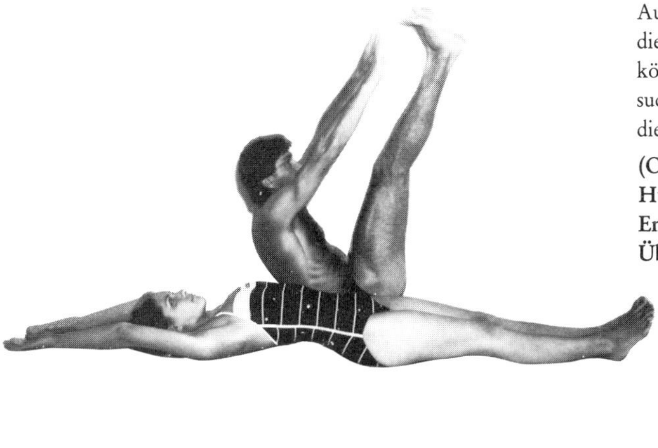

2. Klappmesser

Aus der Rückenlage heben Sie die Beine und Arme mit Oberkörper gleichzeitig an und versuchen, mit den Fingerspitzen die Zehenspitzen zu erreichen.

(Oberschenkel, vordere Hüfte, Bauch)

Empfohlene Dehnung:
Übung 3, Seite 45

3. Rückwärts Aufbäumen
In der Bauchlage verschränken Sie die Hände im Nacken und heben den Oberkörper so weit wie möglich an, wobei die Beine am Boden bleiben.
(Gesamter Rücken, Gesäß)
Empfohlene Dehnung:
Übung 14, Seite 53

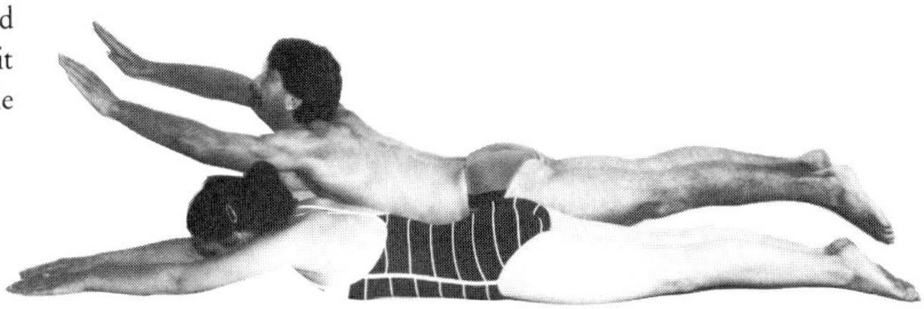

4. Scheibenwischer
In der Rückenlage strecken Sie die Arme seitlich von sich und heben die gestreckten Beine senkrecht nach oben, wobei das Becken am Boden bleibt. Dann drehen Sie die Beine abwechselnd nach links und nach rechts, aber berühren nicht den Boden.
(Seitliche Hüfte, Gesäß, seitliche Oberschenkel)
Empfohlene Dehnung:
Übung 16, Seite 54

5. Hocksprünge
Aus der Hocke springen Sie so hoch wie möglich in die Luft und ziehen dabei die Beine so an, daß sie in der Luft eine Hocke bilden.
(Gesamte Beinmuskulatur)
Empfohlene Dehnung: die Übungen 4, 5, 6, Seite 46–48

6. Liegestütz rücklings
Aus dem Langsitz strecken Sie den Körper auf den Händen und Fersen abgestützt nach oben. Senken sie nun den Körper so weit wie möglich nach unten und stemmen sie dann wieder hoch.
(Oberarme, Schulter, Brust)
Empfohlene Dehnung: Die Übungen 18 und 19, Seite 55/56

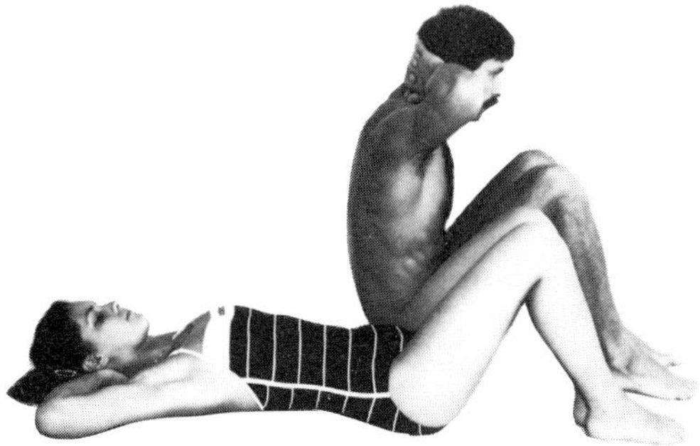

7. Oberkörper aufrichten (sit-up)
In der Rückenlage ziehen Sie die Beine unter einem rechten Winkel an und richten den Oberkörper mit im Nacken verschränkten Händen auf. Anfangs reicht es, wenn Sie den Oberkörper bis zu einem Winkel von 30 Grad hochheben. Weiteres Hochheben beansprucht den primären Hüftbeuger, der bis zum Rücken führt.
(Bauch, Hüftbeuger, unterer Rücken)
Empfohlene Dehnung: Ausstrecken der Arme und Beine in der Rückenlage

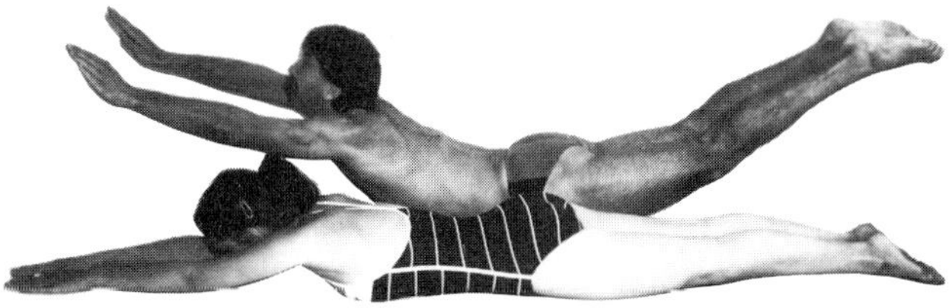

8. Wiege
In der Bauchlage heben Sie Beine und vorgestreckte Arme gleichzeitig vom Boden ab.
(Schultern, Rücken, Gesäß, hintere Oberschenkel)
Empfohlene Dehnung: Übung 14, Seite 53

9. Seitliches Beinheben
Aus der seitlichen Lage — eine Hand unter dem Kopf, die andere zum Abstützen vor der Brust — heben Sie beide gestreckten Beine so weit wie möglich in die Höhe. Danach wechseln Sie die Seite.
(Seitliche Hüfte, seitliche Oberschenkel)
Empfohlene Dehnung: Übung 16, Seite 54

10. Kniebeugen — einbeinig
Aus dem Stand gehen Sie mit seitlich ausgestreckten Armen auf einem Bein in die Kniebeuge und strecken dabei das andere Bein nach vorne, ohne den Boden zu berühren, und stemmen sich dann wieder hoch. Anschließend machen Sie die Übung auf dem anderen Bein.
(Gesamte Beinmuskulatur, vordere Hüfte, Gesäß)
Empfohlene Dehnung: Die Übungen 4, 5 und 6, Seite 46–48.

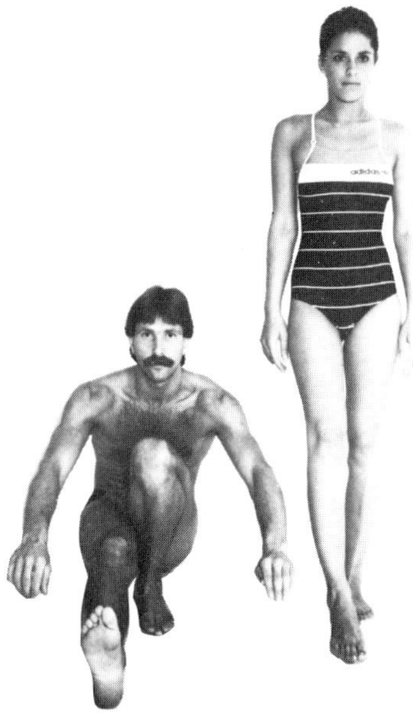

Die Trainingsgymnastik

Die Trainingsgymnastik ist eine Art Zirkeltraining und enthält Übungen aus der Wirbelsäulengymnastik, aus der Dehnungs- und Lockerungsgymnastik sowie aus der Kraftgymnastik. Das Wesen dieser Trainingsgymnastik ist es, daß die aufeinander abgestimmten Übungen der Reihe nach — mit kurzen Pausen zwischen den einzelnen Übungen — durchgeführt werden.
Das Ziel der Trainingsgymnastik ist eine Verbesserung der Grundlagenausdauer sowie eine Steigerung der Muskelausdauer. Abweichend vom vorgeschlagenen Programm, können Sie für sich individuell Elemente für ein Kraftausdauer- oder Schnelligkeitsausdauertraining einbauen.
Eine Verbesserung Ihrer Kondition erreichen Sie durch eine wöchentliche Steigerung des Belastungsumfanges sowie durch eine damit einhergehende Verkürzung der Pausen zwischen den Übungen.

Die nachstehenden Übungen habe ich in vier Phasen unterteilt:
Phase 1: Übungen zum Aufwärmen (Übung 1 bis 11)
Phase 2: Übungen zum Kräftigen (Übung 12 bis 16)
Phase 3: Übungen zum Kräftigen und Lockern (Übung 17 bis 29)
Phase 4: Übungen zum Lockern und Dehnen (Übung 30 bis 38)

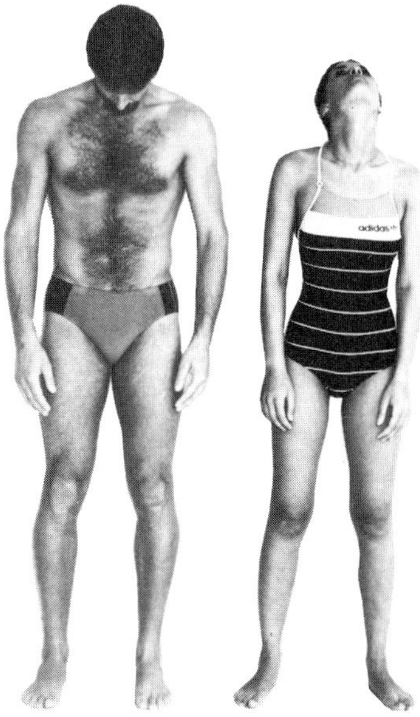

1. Kopfnicken vor und zurück

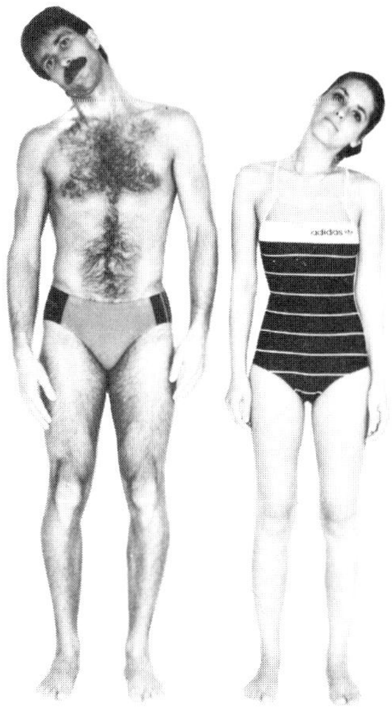

2. Kopfwiegen nach links und rechts

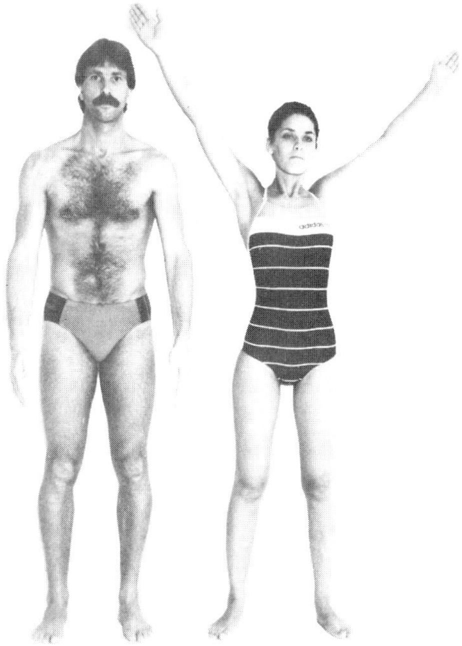

3. Armkreisen mit gestreckten Armen nach vor und zurück

4. Armzüge mit den Handflächen nach oben und den Daumen nach hinten zeigend

5. Rumpfkreisen nach links und rechts mit hochgestreckten Armen

6. Seitliches Wirbelsäulenbeugen mit den Händen im Nacken verschränkt nach links

7. Hocke. Die Fersen bleiben am Boden. Aufrichten mit hochgestreckten Armen

8. Rumpfverdrehen nach links und rechts

9. Beinkreisen mit dem linken, dann mit dem rechten Bein

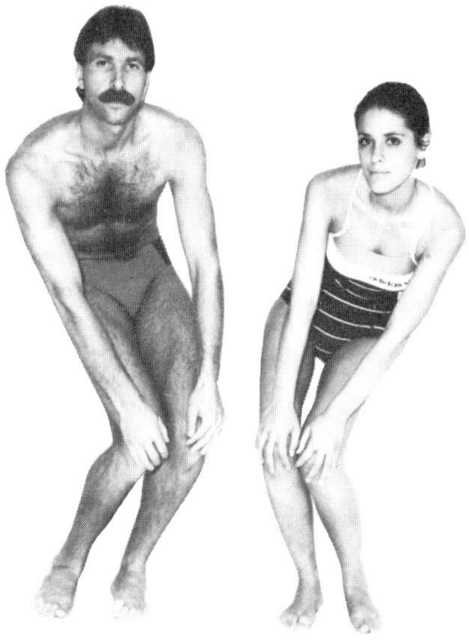

10. Kniekreisen nach links, nach rechts

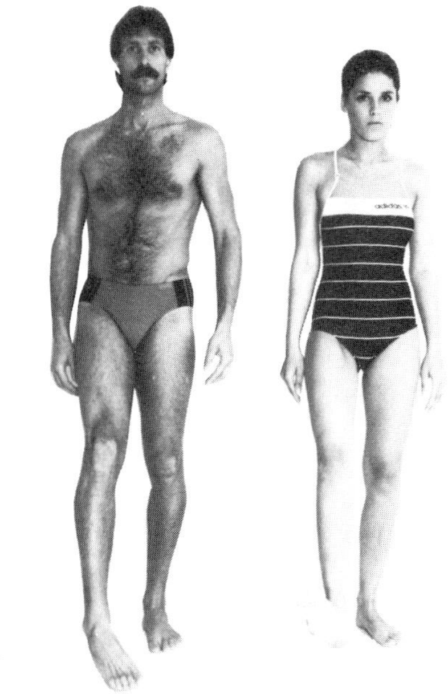

11. Sprunggelenkkreisen nach links, nach rechts

12. Strecksprünge aus der Hocke

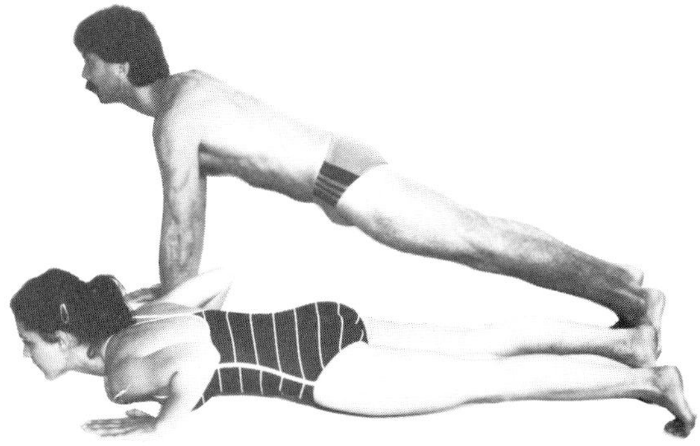

13. Liegestütz

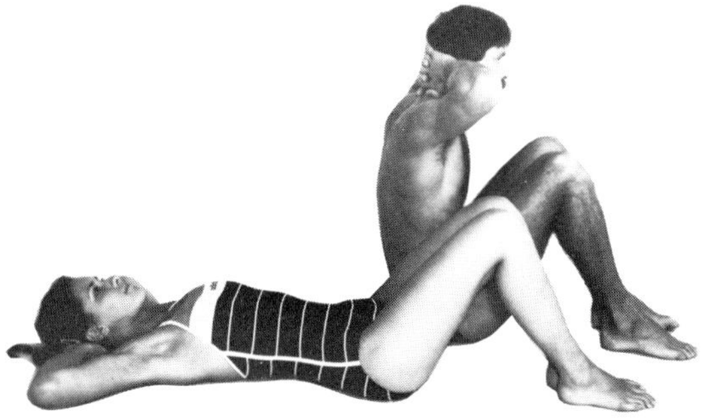

14. Sit-ups mit Händen im Nacken verschränkt

15. Rückwärts Aufbäumen

16. Scheibenwischer

17. Aus einer leichten Grätschstellung beugen Sie sich abwechselnd zum linken und rechten Knie

18. Standlauf mit Beinkreuzen und gegengleichem Oberkörperverwinden

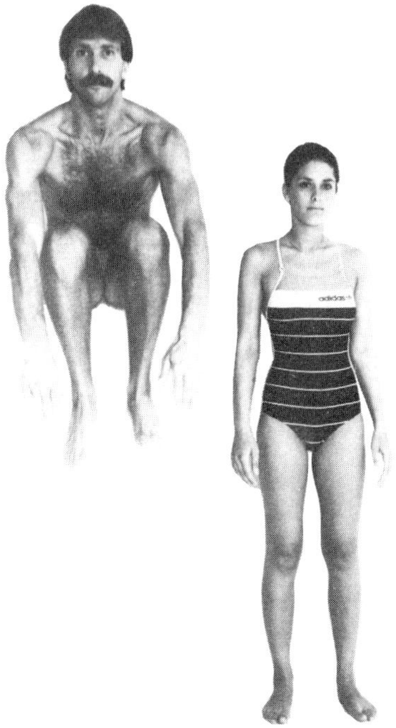

19. Hocksprung

20. Stützhocke mit einbeinigen Wechselsprüngen

21. Liegestütz rücklings mit abwechselndem Beinheben

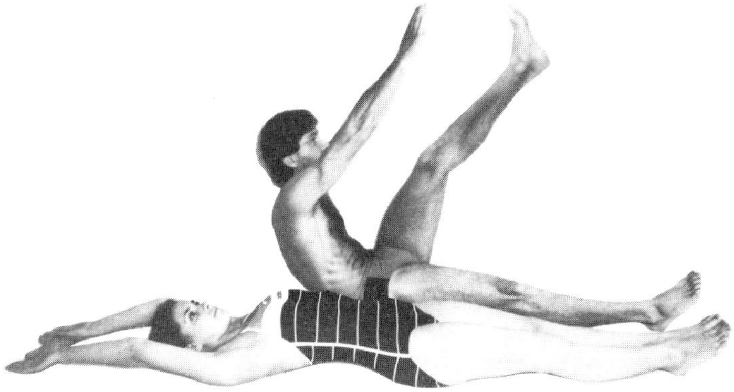

22. Einbeinige Klappmesser

23. Vorrollen — Rückrollen

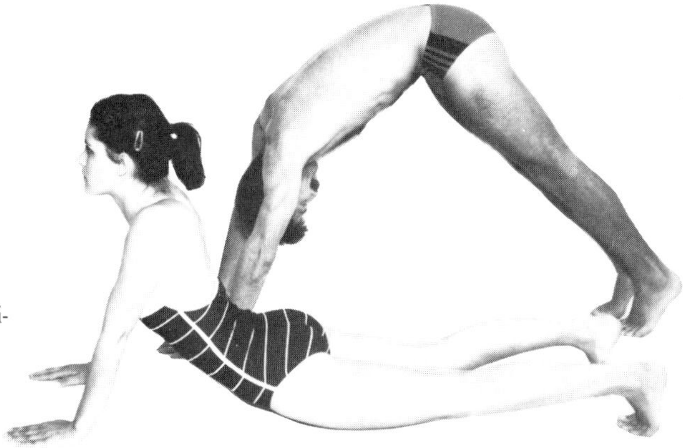

24. Liegestütz — Beckenkreisen

25. Beinheben. Linkes Bein an rechter Achsel, und umgekehrt

26. Aus dem Stand springen Sie abwechselnd auf das linke und das rechte Bein und fangen das Körpergewicht in der einbeinigen Hocke ab.

27. Sit-ups mit Rumpfverdrehen

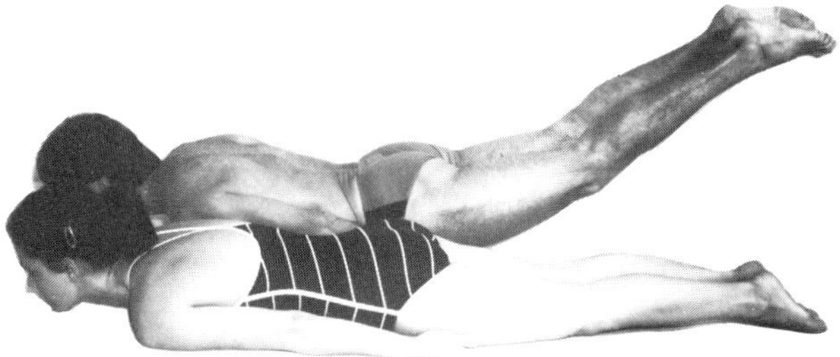

28. Wiege

29. Brücke. Vom Sitz heben Sie die Hüfte bis in die Höhe der Knie und Schultern.
Empfohlene Dehnung: Übung 1, Seite 44

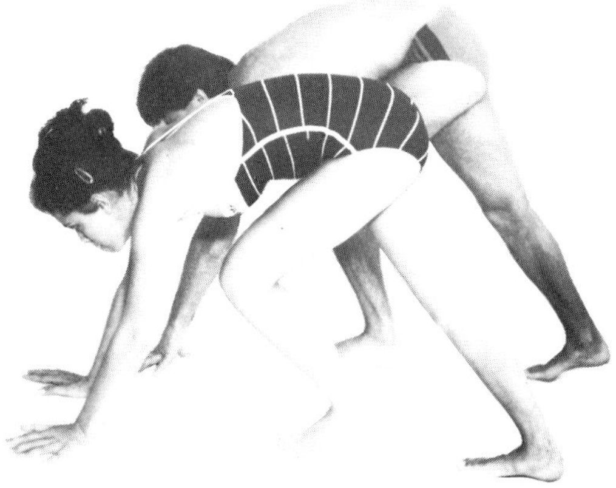

30. Wir gehen in eine Art Liegestützposition, das Becken ist sehr stark angehoben, und drücken nun abwechselnd die Ferse des jeweils gestreckten Beines auf den Boden

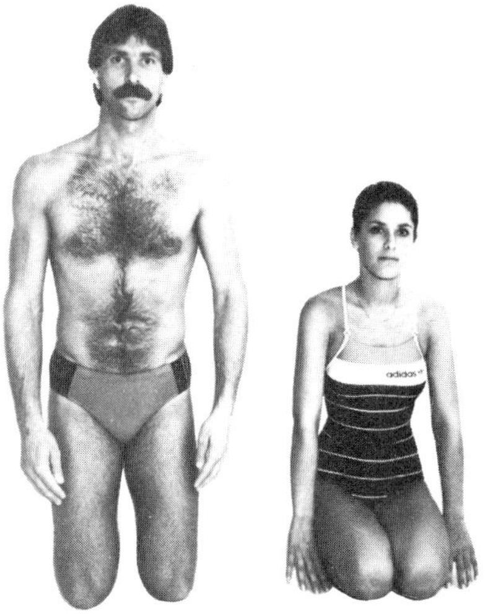

31. Fersensitz

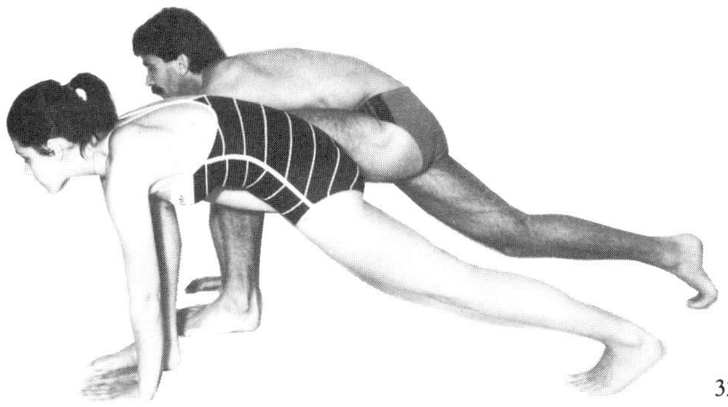

32. Ausfallschritt — Der Körper ist innerhalb des vorderen, abgewinkelten Beines

33. Seitliches Beindrehen — Die Ferse des abgewinkelten Knies bleibt am Boden, das Gesäß sollte die Ferse berühren.

34. Aus der Grätsche beugen wir den Oberkörper abwechselnd zur Außenseite des linken und rechten Knies

35. Hock-Armzüge — Gehen Sie in die Hocke, so daß die Fersen den Boden berühren; richten Sie den Oberkörper wieder auf und machen Sie Armzüge mit den Handflächen nach oben

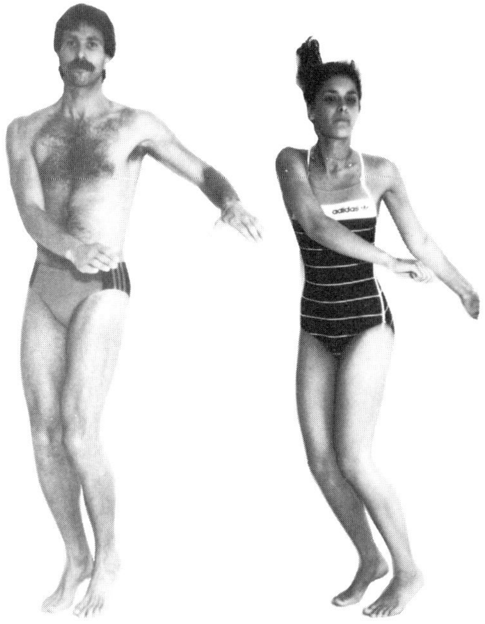

36. Lockerungstwist – Sie verwinden den Oberkörper gegengleich zu den Beinen und lassen die Muskulatur richtig locker

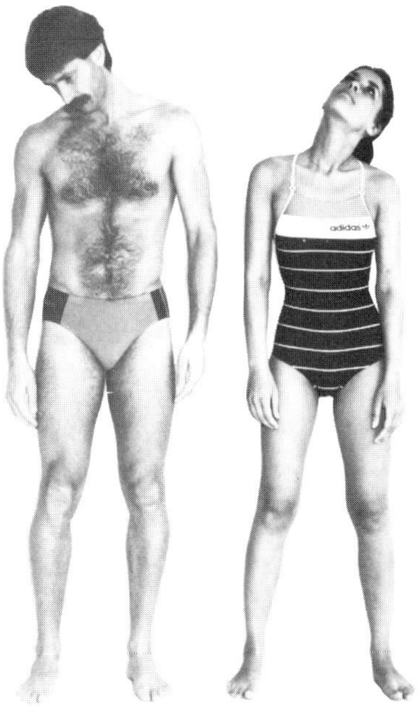

37. Kopfkreisen nach links und rechts

38. Hüft-Kniekreisen nach links und rechts

Trainingsgymnastik

	Aufbautraining	Vorbereitungs- oder erhaltendes Training	Wettkampftraining
	Eine Serie	Zwei Serien	Drei Serien
1	10 ×	8 ×	7 ×
2	10 ×	8 ×	7 ×
3	10 ×	8 ×	7 ×
4	10 ×	8 ×	7 ×
5	10 ×	8 ×	7 ×
6	10 ×	8 ×	7 ×
7	10 ×	8 ×	7 ×
8	10 ×	8 ×	7 ×
9	10 ×	8 ×	7 ×
10	10 ×	8 ×	7 ×
11	10 ×	8 ×	7 ×
12	10 ×	8 ×	7 ×
13	10 ×	8 ×	7 ×
14	10 ×	8 ×	7 ×
15	10 ×	8 ×	7 ×

16	10 ×	8 ×	7 ×
17	10 ×	8 ×	7 ×
18	10 ×	8 ×	7 ×
19	10 ×	8 ×	7 ×
20	10 ×	8 ×	7 ×
21	10 ×	8 ×	7 ×
22	10 ×	8 ×	7 ×
23	10 ×	8 ×	7 ×
24	10 ×	8 ×	7 ×
25	10 ×	8 ×	7 ×
26	10 ×	8 ×	7 ×
27	10 ×	8 ×	7 ×
28	10 ×	8 ×	7 ×
29	10 ×	8 ×	7 ×
30	10 ×	8 ×	7 ×
31	10 ×	8 ×	7 ×
32	10 ×	8 ×	7 ×
33	10 ×	8 ×	7 ×
34	10 ×	8 ×	7 ×
35	10 ×	8 ×	7 ×
36	10 ×	8 ×	7 ×
37	10 ×	8 ×	7 ×
38	10 ×	8 ×	7 ×

Jede einzelne Übung (1—38) ist — je nach Trainingsart — täglich 10-, 8- oder 7mal zu absolvieren.

GRUNDLAGEN-AUSDAUER-TRAINING

Allgemeines

Kraft und Ausdauer sind die Grundlagen für körperliche Kondition. Als Ausdauer bezeichnet man die Widerstandsfähigkeit gegenüber Ermüdung. Die Grundlagenausdauer ist Basis für jede Art des sportlichen Trainings und Wettkampfes. Die Grundkenntnisse für das Training dieser Ausdauerfähigkeit sowie die entsprechenden Trainingsmethoden vermittelt Ihnen dieses Kapitel.

Verhinderung eines Sauerstoffdefizits

Die Aufgaben des Grundlagenausdauertrainings sind:

- Die Entwicklung der aeroben* Kapazität und deren ökonomische Nutzung, das heißt Erhöhung der maximalen Sauerstoffaufnahme- und Transportkapazität, Erweiterung der oxydativen (= durch die Oxydation erfolgenden) Kapazität der Muskulaturzellen, Ökonomisierung der Herz-Kreislauf-, Stoffwechsel- und Atmungsprozesse.
- Die Entwicklung der Persönlichkeitseigenschaften wie Durchhaltevermögen, Willenskraft, Selbstbeherrschung, Selbstvertrauen, Härte usw.
- Die Befähigung des Sportlers, einen immer größeren Umfang an Trainingsbelastung bei steigender Geschwindigkeit erfolgreich zu bewältigen und damit ständig neue Reserven für die Leistungssteigerung erschließen zu können.

Lang- und Mittelzeitausdauer

Für den sportlich orientierten Menschen ist in erster Linie die Lang- bis Mittelzeitausdauer von Bedeutung. Das Training erfolgt dabei vorwiegend im aeroben* Bereich, in dem die sportliche Leistung, ohne eine Sauerstoffschuld einzugehen, erbracht wird.

Im Spitzensport jedoch ist für die sportliche Höchstleistung ausschließlich das Leistungsvermögen im anaeroben Bereich von Bedeutung. Bei Überschreitung des sogenannten Schwellwertes geht man eine Sauerstoffschuld ein; der allgemein bekannte Muskelkater ist das Ergebnis. Spitzenwerte des Schwellwertes liegen bei 185 Pulsschlägen pro Minute. Durch regelmäßiges Ausdauertraining schiebt man den Schwellwert immer

Den Schwellwert nach oben schieben

* aerob = ohne Sauerstoffschuld

weiter nach oben, so daß sportliche Leistungssteigerungen, ohne dabei eine Sauerstoffschuld eingehen zu müssen, erzielt werden können. Um die Langzeitausdauer zu verbessern, sollte die tägliche Trainingsdauer zwischen 30 Minuten und einer Stunde liegen.
Anfängern wird die Anwendung von Trainingsplänen empfohlen, die unseren praktischen Übungsanleitungen beigegeben sind. Um die Grundlagenausdauer zu trainieren, können verschiedene Methoden angewandt werden: die *Dauermethode,* die *Intervall-* und die *Wettkampf-* und *Kontrollmethode.*

Die drei Methoden

Die *DAUERMETHODE*
Eine länger andauernde Belastung, die nicht durch Pausen unterbrochen werden soll, wobei die Dauer der Belastungen vom Zustand jedes einzelnen und vom jeweilig ausgewählten Trainingsprogramm abhängt. Für Fortgeschrittene beträgt die Belastungsdauer etwa 50 bis 120 Minuten. Sie sollte aber nicht kürzer als 30 Minuten sein. Bei der *Dauermethode* unterscheidet man

- die *kontinuierliche Methode,*
- die *Wechselmethode* und
- das *Fahrtspiel.*

Die kontinuierliche Methode

Bei der *kontinuierlichen Methode* wird über einen längeren Zeitraum eine gleichbleibende Geschwindigkeit beibehalten. Entsprechend dem Trainingszustand soll die Herzfrequenz zwischen 150 und 170 Schlägen je Minute liegen. Ungeübten ist zu empfehlen, ihre Herzfrequenz mehrmals während des Trainings über den Puls zu kontrollieren.

Die Wechselmethode

Bei der *Wechselmethode* wird die Geschwindigkeit planmäßig verändert und auf vorher bestimmten Streckenabschnitten so erhöht, daß kurzzeitig eine geringe Laktatkonzentration (= Milchsäure-Konzentration) auftritt, die aber im darauffolgenden Abschnitt wieder kompensiert werden muß.

Das Fahrtspiel

Beim *Fahrtspiel* erfolgt der Geschwindigkeitswechsel nicht streng nach Plan, sondern wird vom Sportler nach seinen individuellen Bedürfnissen durchgeführt. Hierfür eignet sich besonders der Waldlauf mit profiliertem Gelände, wobei die Trainingsbelastungen von der Natur vorgegeben werden.

Die *INTERVALLMETHODE*
Die Belastung erfolgt dabei nach dem Intervallprinzip, das einen planmäßigen Wechsel von Belastungs- und Erholungsphasen vorsieht, wobei jedoch eine vollständige Wiederherstellung nicht erreicht werden soll.
Die Intervalle sind so zu wählen, daß während der Belastung eine Herzfrequenz von 180 erreicht wird und diese in der Erholungsphase nicht unter 120 bis 130 Schläge je Minute absinkt.
Hinsichtlich der Belastungsdauer unterscheidet man:

Die Kurz-, Mittel- und Langzeitintervallmethode

- *Kurzzeitintervallmethode* – Dauer der Einzelbelastungen zwischen 0,15 und 2 Minuten
- *Mittelzeitintervallmethode* – Dauer der Einzelbelastungen zwischen 2 und 8 Minuten
- Langzeitintervallmethode – Dauer der Einzelbelastungen zwischen 8 und 15 Minuten

Zum Training der Grundlagenausdauer ist die Langzeitintervallmethode anzuwenden, für die Schnelligkeitsausdauer die Kurzzeitintervallmethode.

Die *WETTKAMPF-* und *KONTROLLMETHODE*
Mit dieser Methode werden ausschließlich wettkampfspezifische Ausdauerfähigkeiten entwickelt, die jedoch nicht Inhalt dieses Buches sind.

Das Ausdauertraining

Durch Ausdauertraining wird das Herz-Lungen-Kreislauf-System leistungsfähiger, das heißt, der Herzmuskel wird kräftiger, das Durchblutungsvolumen gesteigert. Dies wiederum bewirkt eine bessere Durchblutung und Versorgung mit Sauerstoff und Nährstoffen der einzelnen Muskelfasern, was eine Kräftigung und ein Anwachsen der beanspruchten Muskeln zur Folge hat.

Kinder-Übungen

Senioren-Übungen

Ausdauersportarten sind besonders für *Kinder* und *Jugendliche* sowie für Senioren und im speziellen für *Frauen* geeignet. *Kinder* sollten dazu angehalten werden, nur Ausdauer und nicht mit Gewichten zu trainieren, da es sonst zu Wachstumsstörungen und Fehlhaltungen kommen kann. Für *Senioren* ist das gezielte Ausdauertraining gesundheitsfördernd. Da *Frauen* vom anatomischen Standpunkt her für ein Krafttraining weniger geeignet sind, finden sie ihre sportlichen Höchstleistungen im Ausdauerbereich.

In den nachfolgenden Kapiteln vermittle ich Ihnen aus meiner Erfahrung einige Trainingsmethoden zur Verbesserung der Grundlagenausdauer. Dabei beschränke ich mich auf Methoden, die einerseits familienfreundlich sind und sich allgemeiner Beliebtheit erfreuen, anderseits einen geringen Kapitaleinsatz benötigen. Wir beschäftigen uns also mit Laufen (Berggehen), Radfahren und Schilanglauf.

Familienfreundliche Trainingsmethoden

Das Laufen

Das Laufen ist eine Sportart, bei der die ganze Familie mitmachen kann. Der finanzielle Aufwand ist gering. Was Sie einsetzen müssen, ist Zeit und Ausdauer. Um Freude am Laufen zu haben, müssen Sie sich die richtige Ausrüstung besorgen und die dazu notwendige Grundtechnik erlernen.

● Ausrüstung

Anzug und Schuhe

Der ideale *Trainingsanzug* besteht aus leichtem Baumwollmaterial, das atmungsaktiv und schweißsaugend ist; er darf nicht eng anliegen, sondern soll weit geschnitten sein, damit Sie genügend Bewegungsfreiheit haben und sich darin wohlfühlen. Bei den *Laufschuhen* sollte nicht gespart werden, sie müssen einen guten Halt bieten und sollen genau passen, damit es keine Reibblasen gibt. Die Sohle soll entsprechend dem Gelände, in dem Sie trainieren, gewählt werden. *Als grobe Regel gilt: Weiche Sohle im harten Gelände, harte Sohle im weichen Gelände.* Das jeweilige Sohlenprofil hängt ebenfalls von der Art des Geländes, in dem Sie trainieren, ab.

● Die Lauftechnik

Wenn Sie mit dem Lauftraining beginnen, sollte für Sie die Laufgeschwindigkeit vorerst von untergeordneter Bedeutung sein. Beschränken Sie sich darauf, daß Sie es regelmäßig und mit Freude tun und dabei körperliche Entspannung erleben.

Spezielle Dehnungsübungen zur Lockerung

Zu Beginn jeder Laufübung sollten Sie Ihren Körper mit speziellen *Dehnungsübungen* lockern. Sie werden sich dann beim Laufen viel wohler fühlen und können sicher sein, Verletzungen — wie Dehnungen und Zerrungen des Bewegungsapparates — vorzubeugen. Weiters empfehle ich Ihnen, das Laufen langsam zu beginnen und zu beenden. Geben Sie Ihrem Körper — dem Kreislauf und der Muskulatur — Zeit, sich auf die Belastung allmählich einzustellen; zu schneller Beginn kann Verkrampfungen hervorrufen.

Blicken Sie beim Laufen immer einige Meter nach vorne und balancieren Sie Ihren Kopf zwischen den Schulterblättern. Schulterpartie, Nackenmuskulatur und Arme müssen vollkommen entspannt sein, da sonst die Atmung beeinträchtigt wird. Die rechtwinkelig abgewinkelten Arme schwingen locker gegengleich zu den Beinen mit. Um den Stützapparat und die Kniegelenke zu schonen, ist das Becken immer locker nach vorne gekippt zu halten. Vermeiden Sie jedoch eine Hohlkreuzstellung. Die Bewegung der Arme und des Oberkörpers soll immer geradlinig nach vorne erfolgen; seitliche Körperschwankungen verschwenden Energie und bringen Sie leicht aus dem Gleichgewicht.

Hohlkreuzstellung vermeiden!

Das *Aufsetzen des Fußes* kann auf zweierlei Art erfolgen: Für Ungeübte ist es leichter erlernbar, wenn Sie den Fuß mit der Außenkante der Ferse aufsetzen und diesen über den Ballen bis zur großen Zehe abrollen. Die Fußstellung ist dabei geradlinig nach vorne gerichtet und nicht einwärts oder auswärts gedreht. Wenn Sie Ihren Fuß jedoch nur über die Außenkante abrollen, laufen Sie Gefahr, im unwegsamen Gelände Ihr Sprunggelenk zu verstauchen. Bei dieser Technik muß jedoch darauf hingewiesen werden, daß dabei die Achillessehne immer unter Spannung steht. Für Geübte ist das Aufsetzen über den Ballen anzuraten, zumal dabei die Achillessehne entlastet ist.

Die Fußstellung

Die Schrittlänge hängt primär vom Körperbau und von der Laufgeschwindigkeit ab. Der Bewegungsablauf sollte ungeachtet der Geschwindigkeit in der Art erfolgen, daß Sie das Knie beziehungsweise den Oberschenkel so hoch wie möglich anziehen und den Unterschenkel schwungvoll nach vorne strecken, um somit weiträumige Schritte zu machen. Stoßen Sie sich immer kraftvoll von den Zehen des hinteren gestreckten Beines ab. Dieser Bewegungsablauf ist so lange bewußt zu üben, bis sie den Laufstil so beherrschen, daß Sie beim längeren Dauerlauf keine wie immer gearteten Beschwerden erleiden.

Wovon die Schrittlänge abhängt...

Machen Sie es sich zum Grundsatz, nach jeder körperlichen Anstrengung zirka fünf Minuten auszulaufen — lockeres Traben mit kurzen Schritten.

Es ist für den Körper schädlich, abrupt aufzuhören, da das Blut in den Beinen gesammelt ist und Herz und Hirn nicht sofort mit genügend Blut (Sauerstoff) versorgt werden kann. Das *langsame Auslaufen* ermöglicht es der Muskulatur und dem Herz-Kreislaufsystem, sich allmählich zu erholen und zum normalen Rhythmus zurückzufinden.

Unmittelbar nach dem Auslaufen empfehle ich Ihnen, *Lockerungsübungen* durchzuführen. Solange Sie noch warm sind, beenden Sie Ihr Fitneßprogramm mit *Dehnungsübungen* für die Beinmuskulatur.

Am Ende des Programms: Dehnungsübungen

● Trainingsarten

Wenn es Ihnen möglich ist, meiden Sie das Laufen auf Straßen oder Gehwegen. Versuchen Sie Ihr Ausdauertraining in unverbauter Natur und in frischer, guter Luft zu absolvieren. Suchen Sie einen Untergrund, der nicht hart, sondern leicht und federnd ist, damit Sie Ihre Gelenke nicht zu sehr belasten.

Beim *Dauerlauf in der Ebene* (Dauermethode) trachten Sie, immer großräumige, weitgreifende Schritte zu machen und einen gleichmäßigen Rhythmus zu finden.

Steigungen besser bewältigen lernen

Beim *Berglaufen* (Intervallmethode) werden die Schritte mit zunehmender Steigung kürzer, die Frequenz wird jedoch höher, so daß bei gleichbleibendem Pulsschlag Steigungen im Laufen bewältigt werden können. Die ersten Male werden Sie sicherlich nicht in der Lage sein, eine längere Strecke durchzulaufen. Legen Sie sich, auf Ihre konditionellen Verhältnisse abgestimmt, Intervalle zurecht, und bedenken Sie, daß nicht nur die allgemeine Ausdauer (Luft), sondern auch die lokale Muskelausdauer (Kraft) trainiert wird. Da sich die Muskulatur erst an das lokale Muskelausdauertraining anpassen muß, kommt es bei einer Überbeanspruchung zu einer sofortigen Übersäuerung und damit verbunden zur Verkrampfung Ihrer Bein-, Gesäß- und Rückenmuskulatur.

180 Pulsschläge sollen nicht überschritten werden

Die Intervalle sollten Sie daher so wählen, daß Ihre Herzfrequenz nicht 180 Pulsschläge pro Minute übersteigt und in der Erholungsphase nicht unter 120 absinkt. Ich möchte Sie aber darauf aufmerksam machen, daß allzuviel Berglaufen Ihrer allgemeinen Lauftechnik abträglich ist, da sich die Muskulatur zu sehr verkrampft, die Schritte immer kürzer werden und somit der Laufrhythmus gestört wird.

Fahrtspiel

Beim *Geländelaufen* (Fahrtspiel) finden Sie die besten Umweltbedingungen — frische Luft und weichen Waldboden. Die Laufgeschwindigkeit sowie die Belastungs- und Erholungsintervalle sind unregelmäßig und von den natürlichen Gegebenheiten abhängig. Achten Sie auch hierbei darauf, daß sich Ihre Herzfrequenz in den Grenzen wie beim Berglaufen bewegt.

Das Berggehen

Das *Berggehen* (Dauermethode) ist nicht nur eine ideales Training für die lokale Muskelausdauer, sondern kann auch als Maximalkrafttraining angewendet werden. Die lokale Muskelausdauer wird trainiert, wenn Sie mit kurzen Schritten den Berg rasch begehen. Die Maximalkraft der Beine trainieren Sie mit langen Schritten, wobei Sie Ihren Körper jedesmal über das abgewinkelte Knie hochdrücken müssen.

Beim Auftreten mit den Zehenspitzen beanspruchen Sie in erster Linie Ihre Waden-, Oberschenkel- und Gesäßmuskulatur; treten Sie jedoch mit der gesamten Fußsohle auf, entlasten Sie Ihre Wadenmuskulatur und beanspruchen hauptsächlich die Oberschenkelmuskulatur. Bei der längeren Bergbegehung sollten Sie zwischen diesen beiden Schritten variieren, um eine abwechselnde Beanspruchung Ihrer Waden- beziehungsweise Oberschenkelmuskulatur zu erreichen.

Bergablaufen

Beim Bergablaufen ist darauf zu achten, daß der Fuß wie beim Laufen in der Ebene auf der Ferse aufgesetzt und über die Ballen abgerollt wird. Weiter sollten Sie es vermeiden, mit gestreckten Beinen aufzusetzen, damit Sie Ihre Gelenke und die Wirbelsäule nicht zu sehr belasten. Trachten Sie, die Schritte federnd auszuführen, wobei die vorderen Oberschenkelmuskel trainiert werden. Diese Art des Muskeltrainings kommt besonders den Schifahrern sehr zu gute.

Das Höhentraining

Bei dieser Gelegenheit soll auf einige Besonderheiten des *Höhentrainings* hingewiesen werden.

Mit zunehmender Höhe verändern sich die Lebensbedingungen, wobei der Sauerstoffpartialdruck einer der wichtigsten variablen Faktoren ist. Die Fähigkeit, mit einem verminderten Sauerstoffpartialdruck auszukommen, nennt man die Höhentauglichkeit.

Mit dem Anstieg auf die Höhe setzen Anpassungsvorgänge des Kreislaufsystems und der vegetativen Systeme ein, die teilweise gleichzeitig oder nacheinander wirksam werden. Das Kreislaufsystem benötigt bei

Aufstiegen auf rund 2000 Meter eine Anpassungszeit von 1 bis 2 Tagen und auf rund 2500 Meter eine solche von 3 bis 4 Tagen. Die vegetativen Systeme benötigen bei einer Höhe von rund 2500 Meter eine Anpassungszeit von 3 bis 4 Wochen. Sollen Höhen über 3000 Meter bestiegen werden, sind höhenmedizinische Gesichtspunkte auf alle Fälle zu berücksichtigen.

Die Höhenanpassung wird für Sie um so wichtiger, je stärker Sie die aerobe Ausdauerleistung betreiben wollen.

Ideale Höhenanpassung: nach vierwöchigem Ausdauertraining

Die ideale Höhenanpassung und eine damit vermehrte Bildung von roten Blutkörperchen verlangt ein zirka vierwöchiges Ausdauertraining in Höhen zwischen 1500 und 3000 Meter. Stimmen sie Ihr Trainingsprogramm so ab, daß Sie 3 bis 4 Tage auf den Höhen und 2 bis 3 Tage im Tal oder in der Ebene trainieren. Der Wechsel hat folgende Gründe: Zum einen braucht der Körper eine Erholungsphase nach den kräfteraubenden Übungen im steilen Gelände, zum anderen erkennen Sie die erzielte Leistungssteigerung im Tale besser, was auch einen psychologischen Effekt hat.

Nach dem vierwöchigen Höhentraining hält die Leistungssteigerung, die aufgrund der vermehrten Bildung von roten Blutkörperchen erreicht wurde, bis zu einem Jahr an.

In verschiedenen Sportarten wird eine gezielte Leistungssteigerung durch sogenanntes Blutdoping erreicht. Dabei wird dem Sportler das nach einem Höhentraining mit roten Blutkörperchen angereicherte Blut abgenommen, konserviert und vor dem Wettkampf wieder zugeführt.

Acht-Wochen-Programm für Lauf-Anfänger

	Montag	Dienstag	Mittwoch	Donnerstag	Freitag	Sonnabend
1. Woche	2 x 5'	2 x 5'	2 x 5'	2 x 5'	2 x 5	10'
2. Woche	3 x 5'	3 x 5'	3 x 5'	3 x 5'	3 x 5'	15'
3. Woche	2 x 5'	2 x 5'	2 x 5'	2 x 5'	2 x 5'	2 x 10'
	1 x 10'	1 x 10'	1 x 10'	1 x 10'	1 x 10'	
4. Woche	2 x 10'	2 x 10'	2 x 10'	2 x 10'	2 x 10'	20'
5. Woche	20'	20'	20'	20'	20'	25'
6. Woche	25'	25'	25'	25'	25'	30'
7. Woche	30'	30'	30'	30'	30'	35'
8. Woche	35'	35'	35'	35'	35'	40'

Dieses Acht-Wochen-Programm beginnt vorsichtig mit 2 x 5 Minuten und führt (in Absprache mit dem Arzt) nach acht Wochen bis zum 40-Minuten-Lauf

Das Radfahren

Verbesserung der Schnell- und Maximalkraft der Beine

Neben der Steigerung der Grundlagen- und der lokalen Muskelausdauer erreicht man beim Radfahren über Steigungen durch das Überwinden verschieden starker Widerstände mit unterschiedlicher Belastungsgeschwindigkeit eine Verbesserung der Schnell- und Maximalkraft der Beine. Da das Körpergewicht nicht auf den Beinen, sondern auf dem Sattel getragen wird, ist das Radfahren besonders schonend für die Gelenke und den Bewegungsapparat. Für Untrainierte und Übergewichtige ist es wegen der guten Dosierbarkeit der Belastung sehr zu empfehlen.

Schon bei geringer Trainingsintensität erfolgt eine Stärkung des Herz-Kreislaufsystems. Sportmedizinische Untersuchungen haben ergeben, daß Radrennfahrer sehr hohe Sauerstoffaufnahmewerte haben und somit ein sehr großvolumiges und leistungsfähiges Herz.

● Die Ausrüstung

Welches Fahrrad soll man kaufen?

Wenn Sie sich nicht auf das Radfahren spezialisieren wollen, reicht ein gewöhnliches Tourenrad oder ein „Halbrenner". Sind Sie sportlich ehrgeiziger, sollten Sie sich nicht davor scheuen, eine Rennmaschine zu kaufen. Einige Tips mögen Ihnen den Kauf eines körpergerechten Rennrades und der entsprechenden Ausrüstung erleichtern.

Das Rad

● *Rahmen, Vorbau*

Es gibt Tabellen, die in Abhängigkeit Ihrer Körpermaße die für Sie optimale Rahmenlänge und -höhe angeben. Sie können aber mit nachstehender Faustformel ausreichend genau Ihren Rahmen auswählen. Ich gehe davon aus, daß der Sattel in einer Mittelstellung eingebaut ist:

Eine wichtige Formel

Die Rahmenhöhe ist dann richtig, wenn Sie auf dem Sattel sitzend mit der Ferse (ohne Schuhe) des durchgestreckten Beines das Pedal im unteren Totpunkt der Tretkurbel erreichen.

Die Rahmenlänge ist dann richtig, wenn der abgewinkelte Unterarm mit geballter Faust zwischen Sattelspitze und Vorbau (in der Verlängerung des Steuerrohres) paßt.

Der *Vorbau* wird von Sprintern und Bahnfahrern nach unten geneigt genommen. Ich empfehle Ihnen, den geraden zu wählen. Der Vorbau sollte so lange sein, daß Sie mit abgewinkeltem Unterarm (Ellbogen an der Sattelspitze) und ausgestreckter Hand mit den Fingerspitzen den Lenkbügel erreichen.

Der Vorbau

● *Tretkurbel, Pedale, Rennhaken (Klips)*

Die Länge der Tretkurbel schwankt zwischen 165 und 175 Millimeter; ich empfehle, die normale Kurbellänge mit 170 Millimeter zu nehmen.

Die Pedale sind aus Duraluminium und sollen die Breite der Schuhe haben. Auch die Klips müssen der Größe der Schuhe entsprechen. Wählen Sie für das Befestigen der Klips an den Schuhen Riemen mit Sicherheitsverschlüssen zum leichteren Festziehen und Lösen. Beim Bergabfahren rate ich Ihnen, die Klips zu öffnen, damit Sie bei einem allfälligen Sturz die Füße schnell vom Pedal bekommen.

Beim Bergabfahren

● *Sattel*

Nachdem Sie beim Kauf des Rades mit eingestelltem Sattel (Werk) die Rahmenabmessungen fixiert haben, müssen Sie nun Ihre individuelle Sattelhöhe durch Fahrversuche feststellen. Ein zu hoch eingestellter Sattel verursacht — durch ein seitliches Rutschen am Sattel — Schmerzen in der oberen Wade sowie zwischen den Beinen. Ein zu niederer Sattel verursacht Schmerzen in der Oberschenkelmuskulatur oberhalb des Knies.

Falsch eingestellter Sattel

● *Lenker*

Die Form des Lenkbügels können Sie nach Ihrem eigenen Ermessen wählen, die Breite sollte jedoch in etwa Ihrer Schulterbreite entsprechen. Die Höhe des Lenkbügels ist mit der Sattelhöhe abzustimmen und soll gleich hoch bis 2 Zentimeter unter der Sattelhöhe sein.

● *Schaltung, Kette, Zahnkränze*

Die Schaltung besteht aus dem Kettenwerfer (vordere Zahnkränze) und der Schaltung für den hinteren Zahnkranz.

Die Kette ist der am meisten beanspruchte Teil und sollte regelmäßig ausgetauscht werden. Sie ist dann überdehnt, wenn sie sich — vorne und hinten am größten Zahnkranz aufgelegt — vom vorderen großen Kettenrad mehr als 2 Millimeter abziehen läßt.

Die Kette

Eine Rennmaschine hat 10, 12, 14 oder 18 Gänge. Die 14-Gangschaltung bietet mehr Fahrkomfort, da die Abstufung der einzelnen Gänge geringer ist.

● *Laufräder*

Speichenanzahl

Die Anzahl der Speichen je Rad (24 bis 36) sollten Sie in Abhängigkeit Ihres Körpergewichtes und der gewünschten Stabilität der Räder wählen. Je mehr Speichen, desto stabiler das Rad, aber auch desto höher der Luftwiderstand.

Die Nabe (Aufnahme der Speichen) wird in Abhängigkeit von der Speichenanzahl als Hoch- oder Niederflanschnabe zu kaufen sein. Der Reifen ist bei einer Rennmaschine ein Schlauchreifen aus einem Stück. Das Gewicht des Reifens sollte zwischen 250 und 300 Gramm liegen; leichtere haben eine geringere Stabilität und Lebensdauer. Reservereifen sollen aufgepumpt und womöglich auf eine alte Felge aufgezogen gelagert werden.

Reifengewicht

● *Luftpumpe, Flaschenhalter, Reservereifen*

Diese Utensilien ergänzen die Ausrüstung und sind bei jeder Fahrt mitzunehmen.

Schuhe

Die Radfahrschuhe sind sehr leicht; sie haben einen dünnen Oberteil, aber eine harte Sohle, damit die Pedalzähne nicht auf den Fuß drücken. Der Schuh muß genau sitzen, so daß der Kontakt zum Pedal gewährleistet ist. Eine auf der Sohle fixierte Pedalklammer sichert die richtige Tretposition Ihres Fußes auf dem Pedal.

Rennhose

Die Rennhosen sind schwarz (Asorption der Sonnenstrahlen), sollen mindestens den halben Oberschenkel bedecken (gegen Wundreiben am Sattel); auf der Sitzfläche innen ist ein Wildlederfleck eingenäht. Die Hose wird direkt auf der Haut getragen; sie muß aus hygienischen Gründen stets sauber gehalten werden. Das Leder wird vor dem Training mit Vaseline eingerieben, wobei eine vorangehende Reinigung des Leders mit Äther zu empfehlen ist. Sind Sie ein eifriger Radfahrer, so empfehle ich Ihnen, sich eine zweite Hose zuzulegen, damit Sie nicht durch das Waschen der Hose in Ihrer Trainingsfrequenz behindert werden.

Wichtig: Die Rennhose muß sauber gehalten werden!

Trikot

Wählen Sie wegen einer guten Sichtbarkeit eine grelle Farbe für Ihr Trikot. Es soll lang geschnitten sein und Taschen an der Rück- und eventuell auch an der Vorderseite haben. Es muß locker sitzen und aus einem elastischen, schweißsaugenden Material sein.

Darunter wird ein Unterhemd aus Baumwolle getragen, bei kälterem Wetter ein Windlatz, der die Brust bei zugigen Abfahrten vor Unterkühlung schützen soll.

Weitere Ausrüstung

Ob Sie eine Radmütze, Radhandschuhe oder einen Kopfschutz tragen wollen, hängt von Ihrem persönlichen Geschmack ab. Für die kalte Jahreszeit sind eine lange Fahrradhose, ein langärmeliges Trikot, eine Baumwollmütze und allenfalls eine winddichte Regenjacke zu Ihrer Ausrüstung zu empfehlen.

In der kalten Jahreszeit

Die Fahrtechnik

Das Hauptkriterium beim gekonnten Radfahren ist das „Pedalieren". Dabei geht es darum, daß die Beine, die von Natur aus nicht gewohnt sind, kreisende Bewegungen auszuführen, die Kraft auf die kreisenden Pedale so übertragen, daß ein rhythmischer, runder Bewegungsablauf erreicht wird. Hierbei werden vier Phasen in Abhängigkeit von der Kurbelstellung unterschieden:

Die vier Phasen

1. Oberer Totpunkt

Bei waagrechter Stellung des Pedals wird der Fuß mit dem Unterschenkel nach vorne geschoben.

2. Vorderer Kreissektor

Dies ist der Bereich mit der höchsten Kraftübertragung. Dabei wird das Pedal mit Ober- und Unterschenkel nach unten gedrückt, bis das Bein gestreckt ist.

3. Unterer Totpunkt

Hier erfolgt der Übergang von der Druck- in die Zugphase.

4. Hinterer Kreissektor

Dies ist der Bereich mit schwacher Kraftübertragung. Bei der Überwindung des unteren Totpunktes wird bei gestrecktem Bein die Fußspitze nach unten gekippt und anschließend nach hinten hochgezogen. Damit wird das auf der anderen Seite nach unten drückende Bein unterstützt. Diese Bewegung und Kraftübertragung können Sie nur machen, wenn Sie die Klipse benützen und diese mit dem Riemen festgezogen haben.

So erlangt man eine ökonomische Fahrweise

Um eine ökonomische Fahrweise zu erlangen, ist es notwendig, daß Sie diesen Bewegungsablauf mit der Schub-Druck-Zugkombination beherrschen. Um diese Tretbewegung zu erlernen, ist es empfehlenswert, vorerst in der Ebene mit einer kleinen Übersetzung zu trainieren (hohe Tretgeschwindigkeit!). Erst wenn Sie das Gefühl haben, einen „runden Tritt" zu besitzen, versuchen Sie, kleine Steigungen zu befahren. Wählen Sie dabei eine solche Übersetzung, daß Sie die Steigung im gleichen Gang durchfahren können. Bevor Sie jedoch einen niederen Gang einlegen, versuchen Sie, aus dem Sattel zu steigen und mit dem Wiegetritt die Steigung zu meistern. Beim Bergfahren wird grundsätzlich mit dem kleinen vorderen Kettenrad gefahren.

● Trainingsarten

Wie beim Laufen können Sie auch beim Radfahren verschiedene Methoden zum Training der *Grundlagenausdauer* anwenden. Zusätzlich können Sie auch bewußtes *Kraftausdauer-* oder *Maximalkrafttraining* betreiben.

Kraftausdauertraining

Zu Beginn jeder Trainingseinheit sollten Sie — wie beim Laufen — Dehnungsübungen zur Lockerung Ihrer beanspruchten Muskeln durchführen.

Fahren Sie sich vorerst in der Ebene mit dem großen Kettenrad und einer kleinen Übersetzung ein. Bevor Sie Steigerungen oder gar Berge erklimmen wollen, ist es ratsam, sich eine ausreichende Grundlagen- und lokale Muskelausdauer erarbeitet zu haben. Trainieren Sie dabei so, daß die Belastungsintensität gering, die Bewegungsfrequenz jedoch hoch ist.

Die Maximalkraft für Ihre Beine trainieren Sie, indem Sie Steigungen oder auch Ebenen mit einer möglichst hohen Übersetzung durchfahren.

Schnelligkeitsdauertraining

Ein Schnelligkeitsdauertraining können Sie absolvieren, indem Sie leichte Steigungen mit einer möglichst niederen Übersetzung und maximaler Tretgeschwindigkeit 1 bis 2 Minuten befahren. Danach sollten Sie immer Erholungspausen — lockeres Austreten — einschalten. Als Abschluß jedes Trainings fahren Sie eine längere Strecke locker (niedere Belastung, mittlere Frequenz) aus. Nach jedem Radtraining sollten Sie Lockerungs- und Dehnungsübungen ausführen.

Acht-Wochen-Programm für Radfahr-Anfänger

	Montag	Dienstag	Mittwoch	Donnerstag	Freitag	Sonnabend
1. Woche	2 x 5'	2 x 5'	2 x 5'	2 x 7'	2 x 7	10'
2. Woche	10'	10'	10'	10'	10'	15'
3. Woche	12'	12'	12'	13'	13'	15'
4. Woche	15'	15'	15'	17'	17'	20'
5. Woche	20'	20'	20'	25'	25'	30'
6. Woche	30'	30'	30'	35'	35'	40'
7. Woche	40'	40'	40'	45'	45'	50'
8. Woche	50'	50'	50'	55'	55'	60'

Das Training führt von 2 x 5 Minuten — nach acht Wochen — bis zu einem Lauf von 60 Minuten.

Schilanglaufen

Das Schilanglaufen kennt — wie das Laufen und das Radfahren — keine Altersgrenze; vom Kleinkind bis zum Greis, vom Anfänger bis zum Könner, vom Gesundheits- bis zum Leistungssportler huldigen immer mehr Menschen diesem Sport. Es ist ein ausgezeichnetes Grundlagen- und lokales Muskelausdauertraining für den gesamten Körper. Der Schilanglauf wirkt sich sehr positiv auf die Leistungsfähigkeit des Herz-Kreislauf- und Atmungssystems aus und verbessert in idealer Weise den Stoffwechselprozeß, da man Belastung sowie Intensität optimal trainieren kann.

Schilanglauf ist optimales Training

● **Die Ausrüstung**

Seit der explosionsartigen Verbreitung dieser Sportart haben sich die traditionellen Schifirmen intensiv mit der Entwicklung des Langlaufskis beschäftigt. So hat, wie beim Alpinski, auch hier der Kunststoffschi den Holzschi verdrängt.

● *Schi*

Man unterscheidet zwischen dem *Wanderschi,* der breiter, stabiler und daher auch schwerer ist, und dem *Speziallanglaufschi.* Bei diesem gibt es einen superleichten Rennschi und einen etwas breiteren und schwereren Trainingschi.

Welcher Langlaufschi ist der ideale?

Lassen Sie sich beim Kauf entsprechend Können und Körpergewicht beraten, welcher dieser Schis für Sie der ideale ist.

Für *Anfänger* empfehle ich einen Nowax-Schi, der auf der Lauffläche technische Hilfen gegen ein Zurückrutschen eingebaut hat. Diese Hilfen sind entweder Fellstreifen, Stufen oder Schuppen. Den Nowax-Schi brauchen sie nicht zu wachsen; er hat aber auch eine geringere Gleitfähigkeit als der glatte Ski.

Glatte Kunststoffschi

Wenn Sie die Lauftechnik einigermaßen beherrschen, sollten Sie einen glatten Kunststoffschi kaufen. Dafür müssen Sie erst die richtige Wachstechnik erlernen.

Der Schi soll so lang sein, daß die Schispitze Ihre Mittelhand bei nach oben gestrecktem Arm erreicht. Für Frauen, ältere Personen oder Anfänger kann er bis 10 Zentimeter kürzer sein.

Beachten Sie beim Kauf: Die Mittelspannung muß auf das Körpergewicht abgestimmt sein. Ist sie zu stark, wird das Wachs vorne und hinten ungleichmäßig abgerieben, und die Eigenschaften des in der Mitte aufgetragenen Wachses kommen nicht zur Wirkung. Die Mittelspannung ist dann richtig, wenn Sie beim belasteten Schi im Schuhbereich unter dem Schi ein Blatt Papier bewegen können.

So setzt man das Wachs ein

- *Stöcke*

Auch bei den Stöcken gibt es verschiedene Materialien; lassen Sie sich im Fachgeschäft beraten, welche Griffe und Teller für Sie am geeignetsten sind. Der Stock sollte so lang sein, daß er gerade unter Ihren waagrecht ausgestreckten Arm reicht.

- *Schuhe, Bindung*

Vom Wanderschuh (der bis über den Knöchel reicht) bis zum superleichten Rennschuh gibt es da viele Variationen. Die Sohle darf das Abrollen des Fußes beim Laufen nicht behindern. Ferner muß eine Versteifungseinlage gegen das Verwinden des Schuhes vorhanden sein.

Die Bindung

Die Bindung ist so konzipiert, daß der Schuh nur auf den vorderen Sohlenrändern gehalten wird, wobei die Ferse frei bleibt. Beim Kauf werden Sie entsprechend beraten, welche Kombination für Sie die beste ist.

• Die Kleidung

Die Unterwäsche

Die Unterwäsche soll aus grobmaschigem, schweißsaugendem und natürlichem Material sein. Grundsätzlich wärmen mehrere dünne Kleidungsstücke mehr als wenige dicke.

Die Strümpfe

Die Strümpfe sollen zumindest aus 80 Prozent Wolle und maximal 20 Prozent Kunstfaser bestehen. Sie müssen lang genug sein und sollten eher um eine halbe bis eine Nummer kleiner als Ihre Schuhnummer gewählt werden, damit Sie am Fuß keine Falten werfen.

Der Anzug

Der Anzug kann ein- oder zweiteilig, auf alle Fälle aber leicht und luftdurchlässig sein. Es reicht auch, wenn Sie zu einer Langlaufhose einen Pullover beziehungsweise eine Windbluse tragen.

Die Wollmütze

Zum Schutz des Kopfes nehmen Sie eine leichte Wollmütze, die auch über die Ohren gezogen werden kann.

Handschuhe

Als Handschuhe eignen sich am besten leichte Fingerhandschuhe aus Leder mit einem Verschluß am Handgelenk (damit die Handschuhe beim Laufen nicht zu weit vor rutschen).

● Langlauftechnik

Der Diagonalschritt

Die Basis jeder Lauftechnik ist der Diagonalschritt. Diagonal bedeutet, daß zum Beispiel das linke Bein und der rechte Arm zu gleicher Zeit nach vorne bewegt werden; das entspricht der natürlichen, menschlichen Bewegung. Der *Diagonalschritt* läuft in drei Phasen — Abstoß-, Gleit- und Schwungphase — ab, die ineinander übergehen.

Die Abstoßphase

In der *Abstoßphase* wird der Körperschwerpunkt durch Vorbeugen des Oberkörpers nach vorne abgesenkt. Das abstoßende Bein wird stärker gebeugt und beginnt den Abstoß, wenn das nachgezogene Bein auf gleicher Höhe ist. Der gegenüberliegende Arm unterstützt mit dem Stock den Abstoß. Dabei ist darauf zu achten, daß der Arm durchgestreckt wird.

Die Gleitphase

In der *Gleitphase* gleitet man durch den Abstoß auf dem vorgeschobenen Bein; es soll dabei zwischen Schi und gleitendem Bein immer ein spitzer Winkel (80 Grad bis 90 Grad) eingehalten werden. In der Gleitphase wird der dem Gleitbein gegenüberliegende Arm nach vorne geschwungen, wobei der Stock kurz vor oder neben dem Fuß eingesetzt wird.

Die Schwungphase

In der *Schwungphase* pendeln das abstoßende Bein und der gegenüberliegende Arm nach hinten aus und locker nach vorne. Das vorschwingende Bein wird ohne Unterbrechung der Schwungbewegung kurz hinter oder neben dem Gleitbein, das kurz darauf das Abstoßbein wird, in die Spur geschoben.

Im leicht ansteigenden Gelände setzt man die Schritte kürzer, die Beine werden stärker gebeugt als in der Ebene. Wird der Anstieg so steil, daß man trotz der

Der Grätenschritt

Stockunterstützung zurückrutscht, geht man zum *Grätenschritt* über. Der Laufrhythmus ist der gleiche wie beim Diagonalschritt, jedoch werden die Schi, nach außen gerichtet, auf der Innenkante aufgesetzt, um ein Zurückrutschen zu vermeiden.

Wollen Sie nach einer Anstrengung die Arm- und

Der Pendelschritt

Rückenmuskulatur erholen lassen, so wenden Sie den *Pendelschritt* an. Hierbei wird nicht mit jedem Beinabstoß ein Armabstoß verbunden. Machen Sie bei je vier Beinabstößen zwei Stockeinsätze, so spricht man von einem Viertaktschritt.

Viertaktschritt

Im fallenden Gelände oder in einer schnellen Spur wenden Sie den *Doppelstockschub* (mit oder ohne Zwischenschritt) an. Dabei schwingen Sie beide Arme gleichzeitig nach vorne und setzen die Stöcke kurz vor oder neben den parallel gleitenden Füßen ein. Den Schub beginnen Sie, wenn die Stöcke mit den Skiern nach vorne einen kleineren Winkel als 90 Grad bilden. Den Oberkörper neigen Sie dabei bis zu den Oberschenkeln. In der Schubphase passieren die Beine die Fäuste unterhalb der Knie. Mit der Armstreckung geben Sie noch einen letzten Abdruck. Danach richten Sie den Oberkörper wieder auf. Achten Sie darauf, daß Sie beim Aufrichten einatmen und beim Beugen ausatmen. Weitere Techniken sind der *Schlittschuhschritt* sowie das *Bogentreten,* die Sie später hinzulernen können.

Der Doppelstockschub

Der Schlittschuhschritt

Anfängern rate ich jedoch, jedenfalls einen Kurs zu besuchen, damit die Technik richtig erlernt wird. Denn haben Sie erst einen falschen Bewegungsablauf geübt, ist es bei weitem schwieriger, auf die richtige Technik umzusteigen.

• Die Trainingsarten

Zum Training der Grundlagenausdauer sind die gleichen Methoden anzuwenden wie beim Laufen. Beachten Sie jedoch die Begleitumstände, die bei einem Training in höheren Bergregionen durch die Anpassungsvorgänge auftreten können. Auch beim Langlauftraining ist es von Vorteil, wenn Sie sich vorher entsprechend aufwärmen und Ihre Muskeln vor sowie nach dem Training dehnen. Speziell zu Beginn einer Trainingsperiode (Urlaub) werden Sie durch die begleitende Gymnastik die üblichen Begleiterscheinungen — wie Muskelkater und Übermüdung — reduzieren oder gar vermeiden können.

Aufwärmen und Muskeln dehnen

Acht-Wochen-Programm für Langlauf-Anfänger

	Montag	Dienstag	Mittwoch	Donnerstag	Freitag	Sonnabend
1. Woche	2 x 5'	2 x 5'	2 x 5'	2 x 5'	2 x 5'	10'
2. Woche	3 x 5'	3 x 5'	3 x 5'	3 x 5'	3 x 5'	15'
3. Woche	2 x 5' 1 x 10'	2 x 5' 1 x 10'	2 x 5' 1 x 10'	2 x 5' 1 x 10'	2 x 5' 1 x 10'	2 x 10'
4. Woche	2 x 10'	2 x 10'	2 x 10'	2 x 10'	2 x 10'	20'
5. Woche	20'	20'	20'	20'	20'	25'
6. Woche	25'	25'	25'	25'	25'	30'
7. Woche	30'	30'	30'	30'	30'	35'
8. Woche	35'	35'	35'	35'	35'	40'

Wöchentlicher Trainingsplan/Ablauf

Montag	Dienstag	Mittwoch	Donnerstag	Freitag	Sonnabend
DG	DG	DG	DG	DG	DG
Lauf	KG	Rad	Berg	TG	Lauf
LG	LG	LG	LG	LG	LG
WG	WG	WG	WG	WG	WG

DG = Dehnungsgymnastik
KG = Kraftgymnastik
TG = Trainingsgymnastik
LG = Lockerungsgymnastik
WG = Wirbelsäulengymnastik

GRUNDLAGEN DER TRAININGSLEHRE BEGRIFFS-ERKLÄRUNGEN

„Ein gesunder Geist in einem gesunden Körper", dieser Spruch sollte in Anbetracht der zunehmenden Zivilisationskrankheiten und Degenerationserscheinungen verstärkt in das Bewußtsein der Menschheit eindringen. Zur Ergänzung der in diesem Buch vorgestellten Trainingsanleitungen hier noch einige Begriffserklärungen*.

Sportarten

Technisch, schnell und ausdauernd

- *technische Sportarten:* Geräteturnen, Eiskunstlauf usw.
- *Schnellkraftsportarten:* Schisprung, Sprint-, Sprung- und Wurfdisziplinen
- *Ausdauersportarten:* Langstreckenlauf, Rudern, Radfahren usw.

Körperübungen

Allgemeine und spezielle Körperübungen

- *Allgemeine Körperübungen:* enthalten keine Elemente der Wettkampfbewegungen
- *Spezial-Körperübungen:* sind Übungen, die dem Bewegungsablauf von Wettkampfübungen sehr ähnlich sind, jedoch eine unterschiedliche Belastungscharakteristik aufweisen.
- *Wettkampf-Körperübungen:* entsprechen weitestgehend wettkampfspezifischen Anforderungen.

Belastungsfaktoren

- *Körperübungen:* siehe oben.
- *Bewegungsgüte:* Qualität der Bewegungsführung; die Wirkung einer jeden Übung ist abhängig vom Einhalten bestimmter Bewegungsparameter.
- *Belastungsintensität:* Diese wird durch die Stärke des einzelnen Reizes beziehungsweise durch die in einer Zeiteinheit geleistete Arbeit einer Übungsserie bestimmt.
- *Bewegungsintensität:* Ausführung der Sportarten mit verschieden starkem Krafteinsatz, verschiedener Bewegungsfrequenz und Geschwindigkeit, unterschiedlichen Lasten.
- *Belastungsdichte:* Zeitliches Verhältnis von Belastungs- und Erholungsphasen in einer Trainingseinheit.

* Erarbeitet frei nach dem Standardwerk „Trainingslehre", Sportverlag Berlin, DDR, 1979.

● *Belastungsumfang:* Menge der Belastungsanforderungen.
● *Belastungszeit:* Maßeinheit zur Erfassung des Belastungsumfanges.
● *Belastungsdauer:* Einwirkungsdauer einzelner Belastungsreize oder Dauer einer Serie von Belastungswiederholungen.

Nachstehend einige Trainingsrichtlinien

Kraft und Ausdauer

● *Maximalkraft* — hohe Muskelzugspannung, möglichst lange Kontraktionsdauer bei der Einzelbewegung.
● *Kraftausdauer* — lange Übungsserien bis an das Wiederholungsmaximum; angestrebt wird eine hohe Widerstandsfähigkeit gegenüber Ermüdung.
● *Schnellkraft und Schnelligkeit* — Übungsserien und Belastungsphasen sollen nur so lange dauern, daß noch keine wesentliche Leistungsminderung durch Ermüdung eintritt.
● *Ausdauer* — Verbesserung der Grundlagenausdauer; damit es in den belasteten Systemen zu Überkompensationsprozessen kommt, muß man eine Belastungsdauer von mindestens 30 Minuten ansetzen und Ermüdungsprozesse auslösen.

Erholungsprozesse

Die Verfahren

● *pädagogisch-methodische Verfahren:* Wiederherstellung in der Trainingseinheit durch Tätigkeitswechsel und Rhythmisierung durch aktive Erholung;
● *medizinisch-biologische Verfahren:* durch Sicherung eines ausreichenden Nachtschlafes und vollwertiger Ernährung und Anwendung hygienischer Maßnahmen, Massagen, usw.;
● *psychologische Verfahren:* psychoregulative Verfahren, autogenes Training, apparativ gesteuerte Relaxation.

Periodenzyklen

Die Zyklen

● *Makrozyklen:* Halbjahres-, Jahres- und Mehrjahreszyklen.
● *Mesozyklen:* drei bis sechswöchige Zyklen.
● *Mikrozyklen:* vom zyklischen Aufbau eines Trainings bis zu wöchentlichen Zyklen.

Kraft

- *Maximalkraft:* höchste Kraft bei maximaler, willkürlicher Muskelkontraktion.
- *Schnellkraft:* Fähigkeit, Widerstände mit hoher Kontraktionsgeschwindigkeit zu überwinden.
- *Kraftausdauer:* Ermüdungswiderstandsfähigkeit bei langandauernder Kraftleistung.

Arbeitsweisen des Nerv-Muskel-Systems

- *innere Kraft:* Fähigkeit zur Kraftentwicklung;
- *äußere Kraft:* Kräfte, die bei sportlicher Bewegung auf den Organismus einwirken (Schwerkraft, Zusatzlasten, Reibungswiderstände).

Statische und dynamische Arbeitsweise

Nach dem Verhältnis der inneren Kraft zur äußeren Kraft unterscheidet man eine statische (haltende) von einer dynamischen (überwindende oder nachgebende) Arbeitsweise.

- *Die statische Arbeitsweise:* Sie beruht auf dem statischen (isometrischen) Verhalten des Nerv-Muskel-Systems, wobei die innere und äußere Kraft einander entsprechen.
- *Die dynamische Arbeitsweise:* Sie beruht auf dem dynamischen Verhalten des Nerv-Muskel-Systems, wobei die innere und die äußere Kraft voneinander unterschiedlich sind.
- *Die überwindende Arbeitsweise:* Sie ermöglicht es, das eigene Körpergewicht oder ein Fremdgewicht zu bewegen beziehungsweise Reibungswiderstände oder elastische Widerstände zu überwinden.
- *Die nachgebende Arbeitsweise:* Hiermit erfolgt zum Beispiel das Abfedern von Sprüngen.

Ausdauer

Lang-, Mittel- und Kurzzeit-Ausdauer

- *Langzeit-Ausdauer:* Sie ist notwendig für das Zurücklegen einer Distanz, für die ein Sportler über 11 Minuten bis zu mehreren Stunden benötigt, ohne daß ein wesentlicher Geschwindigkeitsabfall eintritt. Leistung wird fast ausschließlich im aeroben Bereich erbracht.
- *Mittelzeit-Ausdauer:* Sie ist notwendig für das Zurücklegen einer Distanz, für die ein Sportler zwischen 2 und 11 Minuten benötigt. Die Leistung wird im aeroben wie auch im anaeroben Bereich erbracht.

● *Kurzzeit-Ausdauer:* Sie ist notwendig für das Zurücklegen einer Distanz, für die ein Sportler zwischen 45 Sekunden und 2 Minuten benötigt. Hierbei werden zum Großteil anaerobe Stoffwechselprozesse gefordert.
● *Kraft-Ausdauer:* Hohe Kraftleistungsfähigkeit bei gleichzeitig guter Ausdauer und gut entwickelter Lokalmuskelausdauer.
● *Schnelligkeits-Ausdauer:* Ermüdungswiderstandsfähigkeit bei Belastungen bis zur maximalen Geschwindigkeit und überwiegend anaerober Energiegewinnung.
● *Grundlagen:* Leistungsfähigkeit bei Langzeitbelastungen.

Schnelligkeit

Die verschiedenen Schnelligkeiten

● *Schnelligkeit:* konditionelle Fähigkeit, motorische Aktionen unter gegebenen Bedingungen in kürzester Zeit durchzuführen.
● *Bewegungs-Schnelligkeit:* Schnelligkeit der Einzelbewegungen.
● *Lokomotorische Schnelligkeit:* Fähigkeit, sich mit höchstmöglicher Geschwindigkeit fortzubewegen.
Voraussetzung für Schnelligkeit:
— Beweglichkeit der Nervenprozesse
— Schnellkraftleistung
— Dehnbarkeit
— Elastizität und Entspannungsfähigkeit der Muskeln
— Qualität der sportlichen Technik
— Willensstoßkraft
— biochemische Mechanismen

Beweglichkeit

Aktive und passive Beweglichkeit

● *Beweglichkeit:* Fähigkeit des Menschen, Bewegungen mit einer großen Schwingungsweite (Amplitude) auszuführen. Die maximale Amplitude ist ein Maßstab für die Beweglichkeit.
● *Aktive Beweglichkeit:* Größtmögliche Beweglichkeit, die man selbständig ohne andere Nachhilfe, allein durch die Tätigkeit seiner Muskeln bewerkstelligen kann.
● *Passive Beweglichkeit:* Größtmögliche Beweglichkeit in einem Gelenk, die man mit Nachhilfe (Partner, Gerät, eigenes Körpergewicht) erreichen kann.

Literaturverzeichnis

Richtig Fitneßtraining — Melzig/Sklorz — BLV Sportpraxis
Richtig Radfahren — Franz Wöllzenmüller — BLV Sportpraxis
Schilanglauf — Manfred Vorderwüllbecke — rororo
Ärztlicher Ratgeber für Patienten mit Bandscheibenschäden — Prof. Dr. med. Paul-Theo Oldenkott — Thieme Verlag
Rückenschmerzen überwinden — Dr. med. Manfred Heide — Hippokrates Verlag
Sportmedizin — K. D. Hüllemann — Thieme Verlag
Trainingslehre — Harre — Sportverlag Berlin
Stretching — Bob Anderson — Felicitas Hübner Verlag
D-K-B-System — Dr. Lanz und Aigelsreiter — Copyright by den Autoren